新时代高校专职辅导员
职业动力影响因素及提升策略研究

孙留萍｜著

九州出版社
JIUZHOUPRESS

图书在版编目（CIP）数据

新时代高校专职辅导员职业动力影响因素及提升策略
研究／孙留萍著. -- 北京：九州出版社，2025.3.
ISBN 978-7-5225-3787-0

Ⅰ. G645.1

中国国家版本馆 CIP 数据核字第 2025H49D64 号

新时代高校专职辅导员职业动力影响因素及提升策略研究

作　　者　孙留萍　著
责任编辑　安　安
出版发行　九州出版社
地　　址　北京市西城区阜外大街甲 35 号（100037）
发行电话　（010）68992190/3/5/6
网　　址　www.jiuzhoupress.com
印　　刷　三河市华东印刷有限公司
开　　本　710 毫米×1000 毫米　16 开
印　　张　13.5
字　　数　174 千字
版　　次　2025 年 3 月第 1 版
印　　次　2025 年 3 月第 1 次印刷
书　　号　ISBN 978-7-5225-3787-0
定　　价　68.00 元

前 言

习近平总书记在全国教育大会上从"国之大计，党之大计"的高度强调了新时代赋予高校思想政治教育立德树人的中心使命。高校辅导员作为大学生思想政治教育的骨干力量，辅导员队伍的稳定性和工作积极性直接影响着新时代高校立德树人根本任务的实现。然而，现阶段辅导员激励机制的不完善造成了队伍流动性大、部分辅导员职业动力不足、职业倦怠等现象，辅导员队伍的稳定与内涵式发展的核心就在于科学地解决激励问题。

本研究旨在探究新时代高校专职辅导员工作动力的现状、影响因素及作用机理，并提出相应的对策建议。本研究聚焦的研究问题如下：第一，高校专职辅导员工作干劲现状如何。第二，高校专职辅导员工作积极性存在哪些问题。第三，高校专职辅导员工作积极性影响因素有哪些。第四，各影响因素与辅导员工作积极性的相互影响关系、影响程度的大小和作用机制如何。此外，还根据分析和量化结果，提出分重点、分层次、分步骤的优化措施，以推动高校制定相关有效政策，提升辅导员工作积极性。

本研究以高校专职辅导员工作积极性为因变量，主要通过辅导员的职业情感、工作表现、工作成就感来体现工作积极性状态。结合文献梳理、专家和辅导员访谈及笔者六年的辅导员工作经历，将影响辅导员工作积极性的核心解释自变量界定为四个维度19大因素：辅导员工作本身维度（工作强度、工作定位、工作价值、工作前景、工作成就）、学校维度（身份地位、薪资水平、职业发展、能力培训、考评嘉奖、其他福利）、学院维度（学工团队氛围、领导的能力、学院重视程度、个人成长、学院氛围）和个体维度（工作胜任力、态度动机、工作家庭平衡）。并选取了北京师范大学事业编制的专职辅导员作为研究样本，进行了问卷调查和深度访谈。

通过 EXCEL、SPSS 和 Amos 数据处理软件对问卷结果的自变量和因变量进行数据统计与分析，主要对辅导员工作积极性，辅导员工作本身维度、学校维度、学院维度和个体维度分别进行描述性统计分析，被调查者的学历、年龄等基本信息对辅导员工作积极性影响的差异性分析，以及辅导员工作积极性和四个维度之间的多元回归分析。最终，本研究主要得出以下结论：

第一，辅导员队伍总体工作积极向上，但也存在明显的职业倦怠。虽然目前收入不满意、工作强度大，职业成就感低，但职业情感强烈、职业表现积极，58%的被调查者选择比较积极地做好工作。

第二，人口变量学对辅导员工作积极性的影响。不同性别、学历、年龄、婚姻状况、子女情况、职称、职级、职务、专业背景、工作年限的辅导员，在工作积极性上存在明显差异。总的来说，婚姻状况、工作年限、收入满意度会对工作积极性产生显著的正向影响关系。但是性别、学历、年龄、职称、职务、专业并不会对工作积极性产生影响关系。具体来说，婚姻状况方面，未婚比已婚的辅导员工作积极性高；收入满意度越高，积极性越高；工作年限越长、积极性越高，1~3年、3~6年、6~10年、10年以上选择"比较积极"的分别占比68.18%、73.08%、84.61%、92.86%。

第三，辅导员工作性质本身维度对辅导员工作积极性的影响。辅导员工作性质本身维度包括工作强度、工作定位、工作价值、工作前景、工作成就五个因素，通过对以上五个因素的比较，对工作价值的认可度明显高于其他四项的平均水平，辅导员对于目前的工作价值认可度比较高，认为自身工作对学生教育有重大作用意义，同时也能实现自身人生价值和职业理想。此外，通过多元线性回归分析检验得知，仅有工作成就感会影响辅导员工作积极性，而工作强度、工作定位、工作价值、工作前景不会对辅导员工作积极性产生影响。令人欣慰的是，虽然辅导员认为工作强度很大、工作定位不清晰、个人价值没有实现，但是凭借较强的职业信念和自身积极的工作努力和表现，自身依然获得了很高的工作成就感，约60%的辅导员表示"可以看到努力工作的成果、感到很有成就感"。

第四，学校维度对辅导员工作积极性的影响。学校维度包括身份地位、薪资水平、职业发展、能力培训、考评嘉奖、其他福利六个因素，对六个因素进行比较，其他福利（子女教育方面）的平均水平为3.64。同时，辅导员对学校的能力培训、职业发展、考评嘉奖的认可度非常高，而对身份地位和薪资水平的认可度比较低。通过多元线性回归分析检验得知，身份地位、薪资水平、能力培训会影响辅导员工作积极性，而职业发展、考评嘉奖、其他福利不会对辅导员工作积极性产生影响。

第五，学院维度对辅导员工作积极性的影响。学校维度包括学工团队氛围、领导的能力、学院重视程度、学习成长、学院氛围五个因素，对五个因素进行比较后显示，学工团队氛围的平均水平明显高于其他四项的平均水平，这表明各个学院学工团队比较团结、分工合理、团队成员之间相互帮助，整个学校的学工团队氛围也非常好。通过多元线性回归分析检验得知，仅有领导的能力会影响辅导员工作积极性，而学工团队氛围、学院重视程度、学习成长、学院氛围不会对辅导员工作积极性产生影响。

第六，个人维度对辅导员工作积极性的影响。学校维度包括工作胜任力、态度动机、工作家庭平衡三个因素，对这三个因素进行比较，工作胜任力的平均水平明显高于其他两项的平均水平，这说明辅导员对自身的工作能力都是比较自信的，认为自己完全有能力合理分配和安排各项工作。通过多元线性回归分析检验得知，态度动机的主观因素和工作家庭能否平衡的客观因素是真正影响辅导员工作积极性的原因。

第七，四大维度之间的影响程度。通过多元线性回归分析检验得知，四大维度皆对工作积极性产生显著的正向影响关系，相比而言，影响程度的排序为个人维度>辅导员工作性质维度>学院维度>学校维度。

最终，著者提出三方面的对策建议，宏观层面，国家完善高校辅导员建设的制度保障体系和学校推动制度落实机制、中观场域的学院品质化工作氛围和管理、本体调适的辅导员自我赋能。

目 录
CONTENTS

导　言

一、研究对象的界定

本研究的研究对象为普通高等学校的专职辅导员（以下简称辅导员），是指从事学生的思想政治教育、学生日常管理、就业指导、心理健康以及学生党团建设等方面工作的学校公职人员，具体包括在二级院系的专职辅导员、副书记，以及学工部工作人员等。然而，高校的辅导员不仅包括专职辅导员，还有兼职辅导员、"双肩挑"辅导员等多种类型，之所以没有将后续几种类型纳入研究之内，主要有以下两点原因。第一，不同类型的辅导员的来源不一样、定位不一样、主责主业不一样，任职时间、任职后去向等方面差异很大，这必然导致不同辅导员类型看待辅导员这份工作的定位和重要性不一样，在实际工作中的自身工作时间和精力投入分配不一样，对待辅导员这份工作态度也不一样。因此，只有针对不同类型辅导员的特征和诉求，采取不同的激励措施，这样激励效果才有实效性，因此，不能将所有辅导员的激励措施混为一谈，应针对不同类别的辅导员有针对性地分析具体诉求和关心的需求。基于第一点的区别，我们需要区分类别和采用不同的激励措施，而我们之所以选择了专职辅导员这个类别，而没有选择其他几个类别，还主要归结于第二点原因：基于辅导员队伍建设的职业化专家化专业化目标，需要建立一支队伍稳定的专职高校辅导员，辅导员队伍中的兼职辅导员，如科研教师担任班主任，此类辅导员虽在实际工作中称为辅导员，但是其本职工作并非如此，在带完一届学生之后将不再是辅导员；学生事务助理在担任两年辅导员之后也会继续攻读硕士研究生；双肩挑辅导员也在专职从事辅导员工作四年结束之后回归到科研岗担任科研教师，而不再担任辅导员的工作。由此看来，虽然辅导员队伍人员充足，达到了教育部规定的 1∶200 的师生比例，但是从整体队伍的稳定性来讲，只有专职辅导员这个类别是稳定的，是专门长期从事学生工作的。因此，为提升本研究的精准性，真正提高高校学生工作质量，本研究聚焦于专职辅导员的在职业动力方面的现状及问题，其他类别的兼职辅导员将不在本研究的范围内。

1. 专职辅导员

（1）定义。专职辅导员是指在院（系）专职从事大学生日常思想政治教育工作的人员，包括院（系）党委（党总支）副书记、学工组长、团委（团总支）书记等专职工作人员，具有教师和管理人员双重身份。

（2）工作要求。①恪守爱国守法、敬业爱生、育人为本、终身学习、为人师表的职业守则；②围绕学生、关照学生、服务学生，把握学生成长规律，不断提高学生思想水平、政治觉悟、道德品质、文化素养；③引导学生正确认识世界和中国发展大势、正确认识中国特色和国际比较、正确认识时代责任和历史使命、正确认识远大抱负和脚踏实地，成为又红又专、德才兼备、全面发展的中国特色社会主义合格建设者和可靠接班人。

（3）主要工作职责。①思想理论教育和价值引领。引导学生深入学习习近平总书记系列重要讲话精神和治国理政新理念新思想新战略，深入开展中国特色社会主义、中国梦宣传教育和社会主义核心价值观教育，帮助学生不断坚定中国特色社会主义道路自信、理论自信、制度自信、文化自信，牢固树立正确的世界观、人生观、价值观。掌握学生思想行为特点及思想政治状况，有针对性地帮助学生处理好思想认识、价值取向、学习生活、择业交友等方面的具体问题。②党团和班级建设。开展学生骨干的遴选、培养、激励工作，开展学生入党积极分子培养教育工作，开展学生党员发展和教育管理服务工作，指导学生党支部和班团组织建设。③学风建设。熟悉了解学生所学专业的基本情况，激发学生学习兴趣，引导学生养成良好的学习习惯，掌握正确的学习方法。指导学生开展课外科技学术实践活动，营造浓厚学习氛围。④学生日常事务管理。开展入学教育、毕业生教育及相关管理和服务工作。组织开展学生军事训练。组织评选各类奖学金、助学金。指导学生办理助学贷款。组织学生开展勤工俭学活动，做好学生困难帮扶。为学生提供生活指导，促进学生和谐相处、互帮互助。⑤心理健康教育与咨询工作。协助学校心理健康教育机构开展心理健康教育，对学生心理问题进行初步排查和疏导，组织开展心理健康知识普及宣传活动，培育学生理性平和、乐观向上的健康心态。⑥网络思想政治教育。运用新媒体新技术，推动思想政治工作传统优势与信息技术高度融合。构建网络思想政治教育重要阵地，积极传播先进文化。加强学生网络素养教育，积极培养校园好网民，引导学生创作网络文化作品，弘扬主旋律，传播正能量。创新工作路径，加强与学生的网上互动交流，运用网络新媒体对学生开展思想引领、学习指导、生活辅导、心理咨询等。⑦校园危机事件应对。组织开展基本安全教育；参与学校、院（系）危机事件工作预案制定和执行；对校园危机事件进行初步处理，稳定局面控制事态发展，及时掌握危机事件信息并按程序上报；参与危机事件后期应对及总结研究分析。⑧职业规划与就业创业指导。为学生提供科学的职业生涯规划和就业指导以及相关服务，帮助学生树立正确的就业观念，引导学生到基层、到西部、到祖国最需要的地方建功立业。⑨理论和实践研究。努力学习思想政治教育的基本理论和相关学科知识，参加相关学科领域学术交流活动，参与校内外思想政治教育课题或项目研究。

2. 兼职辅导员

兼职辅导员在身份上是科研老师，由科研老师担任班主任，这主要是因为现在高校普遍要求职称评聘晋升条件中必须有辅导员工作经历，因此，年轻教师入职之后一般都会根据学院安排来担任不同年级的班主任直至该班毕业。

如某高校颁布的《关于教学科研岗位晋升实施细则》的通知中明确规定了岗位晋升中关于班主任工作量和质的要求。见下表 0-1：

表 0-1　教学科研岗位晋升中班主任工作要求

岗位层级	要　求
正高级	量：须担任辅导员或班主任工作满 2 年，担任本科生新生导师满 2 届且指导学生数不低于 6 人可折算其中的 1 年
	质：考核必须合格
副高级	量：须担任辅导员或班主任工作满 1 年
	质：考核必须合格
中级	量：须担任辅导员或班主任工作满 2 年，担任本科生新生导师满 2 届且指导学生数不低于 6 人可折算其中的 1 年
	质：考核必须合格

3. 学生事务助理

学生事务助理在担任辅导员的 2 年期间是教师的身份，他们来源于应届本科毕业生，且不属于委托培养、定向生、公费师范生等招生时即明确不得报考研究生的情形，通过工作保研的形式，在本科毕业后留校工作两年，再继续攻读硕士研究生的教职工群体，是学校思想政治工作和行政管理队伍的组成力量。

4. "双肩挑"辅导员

"双肩挑"辅导员是指在入职后 4 年内专职从事辅导员工作的专任教师，从全国统招统分且具有博士研究生学历应届毕业生中进行选拔，专职辅导员满 4 年之后可以继续留任做辅导员，也可以转为教学科研教师，不再担任辅导员职务。

与专职辅导员相区别的是，专职辅导员在身份类型上属于管理岗，而"双肩挑"辅导员兼具管理岗和教师岗双重身份，因此，相比专职辅导员，"双肩挑"辅导员额外享受事业编制教学科研岗位（专任教师）的一切待遇，享受学校各项青年教师岗位津贴和科研支持计划，且在专职从事四年辅导员之后可以根据自己职业发展规划来选择继续双肩挑身份，或是直接只保留科研教师的身份，从事科研工作，而不再继续担任辅导员工作。因此，在选聘"双肩挑"辅导员时，一般会兼具考虑具有一定教学科研水平和研究潜力的，原则上符合学校科研教师的遴选聘用条件，各院（系）可根据学科发展需求做出适当调整。

与学生事务助理的区别在于，学生事务助理在专职从事辅导员的 2 年期间是教师身份，2 年工作结束之后继续攻读研究生，而"双肩挑"辅导员就是毕业之后从事工作，即使 4 年的专职从事辅导员的期限到了，之后也是会保留教师身份从事科研工作，仍然是工作状态的教职工身份。

二、研究背景

高校辅导员是学生价值引领、就业创业指导、心理健康教育和日常事务管理的组织者、管理者和服务者，是学校人才培养体系中一支重要而又特殊的力量，辅导员离学生最近、与学生相处时间最长、对学生人格养成影响也最直接。新时代新征程，高校如何重构辅导员激励体系，直接关乎社会主义建设者和接班人的培养质量。

1. 新时代高校思政工作新挑战的必然要求

时代新人的培育，队伍建设是抓手。习近平总书记在党的十九大报告中从"党之大计、国之大计"的高度，从"培养担当民族复兴大任的时代新人"的维度强调了高校思想政治工作的时代使命，为新时代高校思想政治工作和育人指明了任务和人才培养定位。具有过硬的思想政治素质、培养又红又专的社会主义接班人是检验时代新人的重要标尺，而辅导员职责的首要任务是"思想引导和价值引领"，也就是在日常管理工作中或者通过专门的教育形式对学生进行思想政治教育，带领学生学习国家大政方针政策，帮助学生不断坚定中国特色社会主义道路自信、理论自信、制度自信、文化自信，旗帜鲜明地拥护党的路线、方针、政策，深刻领悟"两个确立"的决定性意义，努力增强"四个意识"，坚定"四个自信"，坚决做到"两个维护"。而这些任务的完成就需要充分发挥辅导员的育人作用，"辅导员职业精神的培养可以让辅导员用饱满的激情投身到学生工作中去，它是做好各项工作的重要保证，是做好学生工作的内在精神动力"①。

但是，就目前高校学生情况而言，高校思想政治教育工作在一定程度上受到国际化的冲击。随着各国物理层面之间交流的不断深入，同时伴随全球化和网络信息技术的高速发展，经济全球化和不间断的社会交往参与全球发展和全球治理是我国走向现代化、国际化的必然要求，但是在这一过程中，文化的多元性、价值观念的冲突、经济政治文化等体制差异等因素，使得我国大学生将在上述冲突和多元中进行选择，尤其是各方势力通过各种途径对大学生实施思想、文化渗透，这一定程度上消除了空间和时间障碍，也对思想政治教育工作的有效拓展和延伸提出了挑战。"高校辅导员队伍制度建立至今，坚持以对大学生进行思想政

---

① 李娟. 新时代高校辅导员的角色定位与发展［J］. 高教学刊，2022，8（4）：146.

治教育为核心，不断满足大学生全面发展需求，始终是高校辅导员队伍的根本职责所在，也是高校辅导队伍存在的价值体现。因此，必须围绕大学生全面发展这条主线组织开展高校辅导员队伍建设的各项工作。"①

因此，"大学生思想政治教育的针对性和实效性从某种程度来说与高校辅导员专业化程度有着直接关系。而在这一过程中，辅导员个体，作为具有主观能动性的行动者，在有目的有意识地参与社会生活过程中，辅导员不仅是被动地接受教育和培训，更需要主体性的自我建构和彰显，没有辅导员主体的能动的观念转变和积极参与，辅导员专业化就无法实现。"② 然而，"我国高校辅导员曾一度陷入身份不明确的困境，教师身份得不到认同，直接导致辅导员工作范围与职能的模糊混乱"③。教师身份及作用的发展成了管理的隐形附属品，教育的工作内容及效果被埋没和忽视。以上原因将直接影响辅导员工作的积极性和投入程度，因此，通过专题研究高校辅导员职业动力现状及影响因素，采取针对性的激励措施，解决辅导员的实际诉求，这对提高辅导员育人职责和使命的积极性，助力培养社会主义建设者和接班人具有重要意义。

2. 推进高校辅导员队伍建设的必然选择

回顾历史，我们党和国家始终如一的高度重视高校辅导员队伍建设。自中华人民共和国成立之后我国高等教育的不断壮大，伴随着高等培养人才任务的要求，1953 年由清华首创正式建立"政治辅导员"。创建之初，辅导员这一队伍的建立就受到党和国家的高度重视，比如，国家政务院早在 1951 年 11 月 30 日就颁布了《关于全国工学院调整方案

---

① 柏杨. 改革开放以来高校辅导员队伍建设研究 [M]. 成都：西南交通大学出版社，2018：85.

② 贝静红. 高校辅导员队伍专业化发展研究 [M]. 武汉：武汉大学出版社，2016：4.

③ 王显芳，蒋雪莲，窦雅珺. 试论高校辅导员的教师身份 [J]. 思想理论教育导刊，2018（1）：151-155.

的报告》并指出要设立"政治辅导员"，随后，1952 年教育部颁布《关于在高等学校有重点地试行政治工作制度的指示》，其中指出各高校要设立学校政治工作机构"政治辅导处"。在辅导员队伍的进一步发展过程中，辅导员队伍的建设也由之前的抽调"直教部门、青年团干部"变为"要逐步培养和配备一批专职的政治辅导员"，这在 1961 年 9 月 15 日，中共中央批准试行的《教育部直属高等学校暂行工作条例（草案）》中进行了明确规定，也是有史以来辅导员队伍建设以中共中央的名义正式提出"专职政治辅导员"。随后，1978 年以来，国家更是加大力度强化辅导员队伍的建设，也是相继出台了系列文件，尤其是进入 21 世纪之后，2004 年 8 月 16 日中共中央国务院颁布的《关于进一步加强和改进大学生思想政治教育的意见》（中发〔2004〕16 号文）和 2006 年 9 月《普通高等学校辅导员队伍建设规定》（第 24 号）的颁布，辅导员工作任务和队伍性质也逐步发生改变，辅导员队伍建设的要求与职责、配备与选聘、培养与发展、考核与管理等进行了进一步的明确的规定，主要是在工作任务上由原来的相对单一的思想政治教育到目前的思想政治教育、管理和服务等多重任务，从编制上主要以兼职为主发展为"专兼结合"的模式。

党和国家高瞻远瞩，在肯定各高校辅导员队伍建设取得成绩的同时，明确指出了"辅导员、班主任队伍建设还不能很好地适应新形势下加强和改进大学生思想政治教育的需要，还存在着一些困难和问题"。[①] 为此，2006 年，《普通高等学校辅导员队伍建设规定》和《2006—2010 年普通高等学校辅导员培训计划》颁布；2007 年，全国 21 个高校辅导员队伍培训基地成功落成。与此同时，由教育部思想政

---

① 教育部思想政治工作司 . 加强和改进大学生思想政治教育重要文献选编（1978—2008）[M]. 北京：中国人民大学出版社，2008.

治工作司牵头举办的高校辅导员年度人物评选活动、辅导员职业技能竞赛、辅导员工作创新论坛、辅导员择优资助项目以及辅导员名师工作室等全国性大型活动与项目相继推进，为各地各高校持续加强辅导员队伍建设营造了良好的氛围、发挥了积极的示范和引领作用，极大地调动和激励了广大辅导员工作的积极性和创造性。教育部扎扎实实开展各项高校辅导员队伍建设的措施逐步落实，为辅导员职业化、专业化和专家化发展指明了方向、奠定了基础。这些政策和措施不仅体现了党和国家对辅导员队伍的关心和爱护，有效发挥了辅导员人才队伍服务社会的作用，更重要的是为青年学生的培养和成长提供了可靠的组织保证。地方高等教育主管部门和高校顺应社会和时代发展要求，紧密结合大学生思想政治教育的实际需要，采取有效措施大力加强高校辅导员队伍建设，取得了显著成绩。广大辅导员不辱使命，真心关爱学生、悉心教导学生、爱心感化学生，将党和国家的政策要求及时传达给学生，体现了党对学生的关心和爱护，使广大青年学生与辅导员队伍在一种和谐健康的氛围中共同成长。

从调研结果来看，目前，制约辅导员队伍发展的瓶颈在于晋升空间受限带来的队伍不稳定和身份定位模糊带来的角色不明确，双线晋升政策等激励措施的优化通过拓展辅导员职业发展空间和明确角色职能，[①]有利于辅导员队伍建设的提质增效。习近平总书记在全国教育大会上指出："要精心培养和组织一支会做思想政治工作的政工队伍，把思想政治工作做在日常、做到个人。"[②] 然而，因工作强度、晋升空间等原因，辅导员队伍稳定性差，"辅导员流动过大、不够稳定的因素是多方面的，

---

① 左殿升，刘伟，张莉. 新时代高校辅导员专业化建设三维透视［J］. 思想政治教育研究，2019，35（3）：149-153.

② 习近平. 坚持中国特色社会主义教育发展道路 培养德智体美劳全面发展的社会主义建设者和接班人［EB/OL］.（2018-09-10）［2025-03-03］，http://www.xinhuanet.com/politics/leaders/2018-09/10/c_1123408400.htm? agt=2942.

直接原因是对辅导员双重身份的认识和保障不够"①。作为辅导员队伍建设的"最后一公里",双线晋升政策不仅可以拓展辅导员晋升空间,同时明确的角色定位进一步肯定了辅导员工作的专业性和科学性内涵,有利于激动内生动力,促进队伍的职业化、专业化、专家化。

3. 对标新时代教育评价改革的重要维度

2020 年 10 月,中共中央、国务院印发的《深化新时代教育评价改革总体方案》(以下简称《总体方案》)将立德树人成效作为根本标准,重点任务中强调"强化一线学生工作"以及"把思想政治工作作为学校各项工作的生命线紧紧抓在手上,贯穿学校教育管理全过程"②。高校辅导员作为一线学生工作的主力军,是立德树人时代使命落实和《总体方案》推进的重要维度。此外,在贯彻落实方面,《总体方案》指出:"中央和国家机关有关部门要结合职责,及时制定配套制度。"这就需要高校进一步完善健全思想政治教育工作体制机制保障立德树人根本任务的实现,作为辅导员激励措施的重要举措的双线晋升政策,作为高校人才队伍建设和人事制度改革的重要方面,将进一步推进辅导员队伍的提质增效,这是对新时代深化教育改革方案的落实和有力回应。

三、研究意义

学术研究旳价值之一就是对人类社会发展中出现的问题进行理论解析和思考,以此引发人们的共同聚焦,但学术研究的最终价值要通过实践来体现,理论指导实践,实践反过来赋予学术研究以生命力。

---

① 李友富. 高校辅导员队伍专业化职业化建设策略研究 [J]. 思想教育研究,2019 (3):123-127.

② 中共中央 国务院印发《深化新时代教育评价改革总体方案》[EB/OL]. (2020-10-13) [2025-03-03]. http://www.qstheory.cn/uapwem/2020-10-13/C_11266018844.htm.

　　高校辅导员作为大学生思想政治教育的骨干力量，肩负着培育时代新人的重大使命。一直以来，党和国家高度重视高校辅导员队伍建设，尤其是进入新时代以来，随着党和国家对高校育人的重视，高校思想政治工作也逐步提高到"党之大计、国之大计"的高度，为进一步保证高校育人的实效性，党和国家也陆续出台许多优惠政策和强有力的措施，逐步给予高校辅导员队伍更多的认可与支持，辅导员队伍工作的积极性得到了进一步提高，整个队伍建设也取得显著成效，但是，由于很多客观原因部分辅导员的工作投入度仍存在不高的情况，工作积极性还有待于进一步提高，辅导员队伍建设离职业化、专业化、专家化建设的要求还存在较大差距。因此，深入、系统地分析当前高校辅导员的工作积极性的影响因素，进一步厘清辅导员工作干劲提高的困境及归因，并在此基础上从制度保障、薪酬待遇、职业发展等方面提出切实可行的对策和建议，这对于落实立德树人根本任务，激发和调动广大辅导员队伍干事创业的积极性，推动高校辅导员队伍朝着职业化、专业化、专家化的方向发展，具有十分重要的理论意义和现实意义。

　　（一）理论学术价值

　　首先，有助于丰富思想政治教育理论，深化对辅导员队伍职业动力的理论体系。

　　1984年4月13日，教育部批准在12所院校设置本科思想政治教育专业以来，思想政治教育学科经过长足的实践、学者研究和政策关注下，思想政治学科理论得到了较大的发展，取得了丰富的成果。但随着中国步入新时代，国际思想文化交流频繁和我国思想政治实践深入发展，学科仍需要在新的历史发展条件下丰富其理论体系。高校辅导员队伍建设作为高校思想政治教育工作的一环，在大学生思想政治教育工作中，辅导员承担着重要的角色。要想切实承担好这一角色，就需要不断提升辅导员职业能力。2016年12月，习近平总书记在全国高校思想政治工作会议上指出："健全激励机制，整体推进高校党政干部和共青团干部、思想政治理论课教师和哲学社会科学课教师、辅导员班主任和心理咨询教师等队伍建设，保证这支队伍后继有人、源源不断。"① 教育部在新修订的《普通高等学校辅导员队伍建设规定》（以下简称"教育部43号令"）中明确指出："把辅导员队伍建设作为教师队伍和管理队伍建设的重要内容，整体规划、统筹安排，不断提高队伍的专业水平和职业能力，保证辅导员工作有条件、干事有平台、待遇有保障、发展有空间"。② 这些都凸显了党和国家对高校辅导员队伍建设的高度重视，屡次明确了要加强辅导员的激励机制，然而，在各高校实际执行的过程中会存在以下方面的问题：如何激励、采取什么样的激励措施，各个高校应该根据自己的实际情况进行进一步优化和完善，但是从管理学的角度来讲，激励措施的完善和优化需要具有科学性，才能实现靶向解决问题。这就需要借鉴管理学理论、马斯洛的需求层次理论等角度科学分析人的需求，并结合辅导员实际情况来确定高校辅导员工作干劲的现状及存在的问题，在此基础上提出切实可行的优化措施，这将顺应时代发展之需，对新时代背景下高校辅导员队伍建设面临的新问题、新矛盾、新困境进行有益探索，不仅对于进一步丰富思想政治教育理论体系具有重要价值，而且有助于进一步深化和拓展高校辅导员队伍建设的相关理论研究。

其次，有助于丰富学生工作理论，进一步推动辅导员职业动力建设。

我国目前的学生工作理论没有完全形成体系，理论研究更是缺乏系

① 习近平. 把思想政治工作贯穿教育教学全过程 开创我国高等教育事业发展新局面 [N]. 人民日报，2016-12-09（1）.
② 中华人民共和国教育部令（第43号） 普通高等学校辅导员队伍建设规定 [EB/OL].（2017-09-21）[2025-03-03]. https：//www. gov. cn/gongbao/content/2017/content_ 5244874. htm.

统性和科学性。不同的年代、不同的时期,党和国家对于高校育人的目标和定位也有所不同,学生工作要围绕学生成长全过程中的具体问题、难点和痛点,开展理论研究,形成有学科体系的学生工作理论体系。随着时代变化和育人任务的变化,随之而变的是高校辅导员的职责和工作内容的侧重点,尤其是把学生成长成才需求作为辅导员职业能力建设的重要内容,同时也会为了保障工作职责和内容的完成而出台不同的政策保障或者执行不同的激励措施,这些带有时代特色的政策和对策共同组成了辅导员队伍制度建设的完整体系和发展过程。在新时代,在培养社会主义现代化建设者和接班人的时代使命下,如何保障和激励高校辅导员完成这一任务,党和国家也要研究新时代高校辅导员的特点,并出台新时代高校辅导员的保障政策,比如,因育人任务的重视更加强调辅导员"教师身份"、为保障工作质量各高校严格落实辅导员队伍与学生的比为1∶200。辅导员职业动力及影响因素的研究的最终目的和指向是为提高职业动力,在对辅导员奖励机制的实践考察基础上进行深入的理论分析与经验总结,也是在不断完善高职思想政治教育体系,有助于从宏观层面加强对辅导员队伍建设的指导,从而进一步揭示辅导员制度的发展规律与发展趋势,有利于丰富辅导员队伍制度建设规律,最终为做好学生的服务工作提供指导。

(二) 实际应用价值

马克思认为:"哲学家们只是用不同的方式解释世界,而问题在于改变世界。"[①] 也就是说,任何理论研究的目标旨归在根本上都是为了指导实践活动,理论研究是为实践活动的开展理清思路,并演绎实践可能出现的各种问题,规避可能失败的实践活动等。具体到本研究而言,

---

① 中共中央马克思恩格斯列宁斯大林著作编译局 . 马克思恩格斯选集:第 1 卷 [M]. 北京:人民出版社,2012:19.

该选题就是源于笔者本人作为辅导员工作一线的工作感受和现实诉求，同时也是适应新时代国家和高校培养社会主义建设者和接班人的需要而提出的，通过本研究可以为推动解决高校辅导员队伍建设的难点问题提供一定的现实参考，因此具有重大的现实意义。

1. 克服辅导员队伍职业倦怠的有力举措

目前，高校辅导员职业倦怠情况已经逐渐成为一个急需重视的现象，一般来说，在从事专职辅导员之后的 2 年，职业倦怠就会逐渐呈现，一方面是通过 2 年的工作经历，已然对辅导员工作有了全面的体验和认识，基本后续每年都是重复着同样的工作，比如开学典礼、入学教育、毕业典礼、党员发展、暑期社会实践。随着工作新鲜感和热情的消失，职业倦怠就会出现。另一方面，也是更深层次的原因，职业发展的不太乐观。因此，通过调研和实证研究，分析职业倦怠的原因，帮助辅导员克服职业倦怠，激发他们在工作岗位上的热情，形成稳定的队伍，使他们能在自己的岗位上各司其职，做好学生的思想教育和生活引导，可保证高校能够高效地进行教学、更好地服务于学生发展。

2. 落实新时代赋予高校思想政治教育立德树人中心使命的保障

完善高校辅导员激励机制是办好社会主义大学的事业需要。高校辅导员"要给学生心灵埋下真善美的种子，引导学生扣好人生第一粒扣子"①。要给大学生心灵种下"真善美的种子"，需要高校辅导员具备较高的职业动力；引导大学生扣好人生的"第一粒扣子"，也需要高校辅导员具备较高的职业动力。辅导员作为开展大学生思想政治教育的骨干力量，对全面提高大学生素质发挥着关键性的作用。科学合理的奖励机制是辅导员队伍稳定的决定性因素，动力不足、人员流失是辅导员队伍

---

① 习近平. 用新时代中国特色社会主义思想铸魂育人 贯彻党的教育方针落实立德树人根本任务 [N]. 人民日报，2019-03-19 (1).

建设的重大问题，探讨建立高校辅导员长效激励机制，对打造稳定的辅导员队伍，进而形成职业化和专业化队伍具有重要意义。因此，有效的激励机制可充分激发辅导员内在动机系统，充分发挥工作积极性、主动性和创新性，保证高校思想政治教育工作根本任务的完成。

四、研究现状及述评

任何一种科学研究范式都不是凭空产生的，而是某种学术共同体围绕某一领域的核心问题，是植根于问题产生的现实需要，在遵循问题发展逻辑、选择问题解决路径的过程中形成的。探讨高校辅导员队伍专业化的研究也是如此。本研究将从以下几个视角展开。

恩格斯指出："一个民族要想站在科学的高峰，就一刻也不能没有理论思维。"[①] 目前，关于辅导员职业动力和激励体系的研究，主要围绕宏观和微观、地方和学校、群体与个体等维度展开，虽然取得了一些成果，但较为分散和笼统。对影响辅导员激励因子的认识还不够充分，分类还较为笼统，对辅导员激励机制的整体性构思还不足，未能厘清影响辅导员工作效能的内外因素及相互间的逻辑关系。因此，本研究在调研高校专职辅导员职业动力现状和问题的基础上，提炼其职业动力的影响因素，并通过数据统计与分析，深度剖析哪些因素真正影响职业动力及影响因素相互作用机理，从而助力高校制定具有针对性的激励措施，激发辅导员职业内生动力，为更好完成高校立德树人使命提供支撑。

（一）国内研究现状

党和国家以及学界对我国高校思想政治工作和高校辅导员队伍建设给予了高度重视和不断关注，以中国知网为载体进行数据检索，从20

---

① 中共中央马克思恩格斯列宁斯大林著作编译局 . 马克思恩格斯文集：第 9 卷 [M].
北京：人民出版社，2009：437.

世纪 80 年代至 2025 年 2 月，学界以"高校辅导员"为主题的研究论文有 242 万余篇，学术论文有 1844 篇，其中博士论文 128 篇。从时间层面来看，主要是在 2004 年 16 号文件和 2006 年教育部第 24 号令颁布之后，随着党和国家对辅导员队伍建设的加强而相伴的研究的增加；从内容层面来看，主要围绕高校辅导员制度、队伍、职能、角色、素质、能力等问题进行了深入探讨，尤其是近些年，研究更是细化到辅导员工作分工范畴，按照九大职能进行不同领域的探究；从研究者层面来看，主要是从事高校思想政治工作的一线辅导员从自身经验和工作体会进行研究，同时也有马克思主义学院等高校思想政治领域专家学者。近年来，国家和高校陆续出台、落实了辅导员激励的相关办法和举措，表明辅导员队伍职业动力的重要性逐渐被重视，国内外学者也从不同角度开展了有关研究。

1. 关于新时代高校辅导员职业动力重要性的阐释

学者们普遍认为职业动力和有效的激励机制是调动辅导员工作积极性、主动性、创造性，是激发辅导员内部动力、保障辅导员队伍稳定的最有效的办法[①]。盛佳伟、杨智祯[②]从高校辅导员专业化职业化建设的角度，分析了激励机制是推进新时代高校思想政治工作治理体系和治理能力现代化的题中之义。冯刚[③]则从高校立德树人的教育效果，党和国家在新时代的伟大工程、伟大事业的角度定位了激励机制对于辅导员的

① 孙伟. 谈建立和完善高校辅导员激励机制的对策 [J]. 辽宁师专学报（社会科学版），2019（4）：131-133；王显芳，倪佳琪，牛小游. 新时代高校辅导员队伍专业化建设的调研与思考 [J]. 高校辅导员学刊，2019，11（2）：49-54，74；邓淑娅，邵军. 研究生思想政治教育工作的问题与对策 [J]. 黑龙江高教研究，2011（10）：157-159.

② 盛佳伟，杨智祯. 新时代高校辅导员思想引领工作胜任力建构与提升 [J]. 高校辅导员，2020（4）：53-56.

③ 冯刚. 持续推进高校辅导员队伍专业化职业化建设 [J]. 高校辅导员，2020（3）：3-7.

重要性。同时，也有学者从激励机制不健全带来的负面影响的角度论证其重要性，指出激励机制不健全引起的动力不足、职业倦怠、职业高原现象引起的辅导员队伍的人员流失是亟待解决的问题之一①，而这一现象出现的主要原因是辅导员奖励机制的奖惩措施不恰当、晋升发展空间狭窄、考核缺乏科学性和有效性、培养机制不完善等②。

2. 关于高校辅导员职业动力影响因素分析

近期研究中，学者在该领域的研究多集中于激励政策的不完善以及实施力度不够、工资待遇水平相对较低、职业晋升空间小、考核的评价标准缺乏科学性、考核的评价方法缺乏合理性。研究方法多选择理论论证和实证调研相结合。如张成龙③，王立、洪靖焱④提出辅导员激励政策支持系统不够优化，教育部发布了宏观政策的纲领性文件，但是各地各高校落实精神缺乏相应的配套细则，操作性不强。有些学者认为某些高校没有辅导员职称评定的具体实施措施，即使已经实施的高校，但由于晋升标准缺乏适切性，专业技术职称评聘科研标准偏高、行政职级标

① 冯刚. 高校辅导员队伍专业化、职业化建设的发展路径：《普通高等学校辅导员队伍建设规定》颁布十年的回顾与展望 [J]. 思想理论教育，2016（11）；何菊仙. 高校辅导员"职业高原"问题的成因与对策 [J]. 思想教育研究，2011（7）：96-98；刘军，范丽颖. 新时代高校辅导员队伍职业发展研究 [J]. 高等继续教育学报，2019（3）.

② 王尧骏，吴云枭. 高校辅导员离职意向的影响因素研究 [J]. 应用心理学，2019（3）；孙伟. 高校辅导员激励机制存在的问题及改进 [D]. 沈阳师范大学，2014.

③ 张成龙. 新时代辅导员队伍专业化职业化建设的逻辑进路 [J]. 学校党建与思想教育，2019（4）：71-73.

④ 王立，洪靖焱. 双重身份视角下高校辅导员职业发展困境研究 [J]. 学理论，2018（1）：206-208.

准过于宽泛、晋升程序缺乏公正性等原因导致双线晋升难以生效①，造成了双线晋升政策的"空转"②。朱志梅、顾欣荣③从角色理论的角度提出双重身份设定的角色冲突和困境带来的职业发展路径模糊，使得辅导员难以真正享受双线晋升政策带来的福利，辅导员工作属性的繁忙和科研水平能力不足以与科研教师竞争④。张梦君⑤，师海荣⑥，乐程、都辉⑦认为辅导员的经济待遇与工作强度尚不完全匹配，工作时间相对较长，内容比较烦琐，压力较大，与科研教师工资待遇相比，辅导员的额外工作量得不到有效体现与补偿，工作出现敷衍、懈怠的情绪。黄立清等学者⑧认为高校辅导员职业发展路径相对单一，职称晋升空间较小，晋升难度大，影响获得感的提升。贝静红从个人因素（教育背景、动机与需要、个性与价值观）、环境因素（社会环境、家庭环境、大学组织环境）的内部和外部因素等方面提出了影响和制约辅导员队伍发

① 王显芳，王鹏云，孔毅．新时代高校辅导员队伍建设科学化研究［J］．学校党建与思想教育，2019（4）；王静媛．高校辅导员晋升机制研究：以 Y 大学为例［D］．扬州大学，2018；朱惠军．高校辅导员队伍建设的整体设计：基于多维度的战略思考［J］．思想教育研究，2016（4）：106-110；林静．高校辅导员职业化建设研究［D］．浙江大学，2018.

② 冯刚．高校辅导员队伍专业化、职业化建设的发展路径：《普通高等学校辅导员队伍建设规定》颁布十年的回顾与展望［J］．思想理论教育，2016（11）．

③ 朱志梅，顾欣荣．基于角色理论的高校辅导员职业生涯发展研究［J］．江苏高教，2016（6）．

④ 李一楠，刘含宇．高校辅导员"双重身份"职业设定的现实问题与应对策略［J］．山东青年政治学院学报，2017（6）．

⑤ 张梦君．高校思想政治教育辅导员队伍的激励问题研究［J］．佳木斯大学社会科学学报，2020，38（3）：81-84.

⑥ 师海荣．高校资深辅导员职业倦怠困境的实证研究［J］．内蒙古农业大学学报（社会科学版），2021，23（2）：37-41.

⑦ 乐程，都辉．高校辅导员职业守则内化的保障机制［J］．思想政治教育研究，2020，36（1）：149-151.

⑧ 黄立清，林竹，黄春霞，等．关于提升高校辅导员获得感的思考［J］．学校党建与思想教育，2019（20）：58-60.

展的原因。其中教育背景和专业背景会直接决定个体的职业能力、思维模式和职业态度，职业价值观也会导致一个人的职业态度和职业选择以及作为职业人的努力方向和路径选择，辅导员所在的大学的发展理念、规章制度、文化氛围、育人模式等构成了辅导员队伍职业动力的现实环境，家庭对于辅导员工作的支持和鼓励、干扰或者阻滞等都会成为辅导员的羁绊或者助推器。她还提出，辅导员职业动力不是由单一因素决定的，而是多种因素合力的结果。

3. 关于高校辅导员职业动力提升对策的思考

关于本领域的研究学者多侧重于外部条件改善环境激励、提高辅导员的职业认同，优化分配制度、实现奖酬相对公平，健全"职级提升"机制、畅通职业成长渠道等途径等方面。侍旭[①]，蒋婷燕[②]，杨艳彦、姜辉[③]提出利用设立专门的"辅导员之家"网站或论坛的互动交流平台，宣传辅导员的优秀事迹，大力推进辅导员工作室建设、学术沙龙等形式举办集体活动，加强高校辅导员的团队建设，培养共同体认同感。李友富[④]，王晓蕾等学者[⑤]从培育辅导员独特的团队文化和职业精神角度，阐述了职业精神的涵养能够赋予辅导员职业神圣感和使命感，发挥文化目标导向的激励和团队力量的凝聚作用。吴荷平、顾现朋[⑥]认为减

---

① 侍旭．高校辅导员职业压力与动力平衡问题探析：基于教育生态学的视角［J］．高校辅导员，2020（4）：41-44.

② 蒋婷燕．美国高校辅导员职业化与专业化发展启示［J］．思想政治教育研究，2019，35（4）：146-149.

③ 杨艳彦，姜辉．高校辅导员职业幸福感提升途径探析［J］．黑河学院学报，2019，10（9）：143-144.

④ 李友富．新时代提升高校辅导员核心素养论析［J］．学校党建与思想教育，2019（5）：76-79.

⑤ 王晓蕾，胡晓慧，刘小杰．高校辅导员行为激励的行为经济学分析［J］．长春师范大学学报，2019，38（1）：149-152.

⑥ 吴荷平，顾现朋．高校辅导员职业高原的成因及路径优化［J］．思想政治教育研究，2014，30（6）：128-131.

少角色负荷，明确岗位职责，避免辅导员工作职能的无限延伸及角色泛化，同时，进一步提高高校辅导员物质报酬和待遇，使薪酬与工作量能够匹配，激发辅导员工作积极性①。黄丹凤②指出职务评聘要注重同行评价，同时构建"思想道德""工作实绩""科研能力"三位一体的评价标准体系，更为重要的是，考核结果要与辅导员的绩效工资、个人评优、年度考核等直接挂钩，作为其专业技术职称聘任、行政职务晋升、派出进修和各类奖惩的重要依据③。费小平、汪海伟，④ 邹涛⑤从完善长效学习机制，加大科研训练和基础理论培训，满足自我发展和成长需求，精准发展辅导员专项能力，提升辅导员的核心能力。有学者认为："应以辅导员培训规划和辅导员职业能力标准为依据，研制辅导员培训课程标准，……切实提高辅导员培训质量。"⑥

（二）国外研究现状

在西方国家，高校设置了专门管理学生工作的领域，称为学生事务管理，辅导员被称为 counselor。复旦大学"国际视野下的学生工作专业化研究与实践"项目的方明带领团队翻译的《学生事务与服务的国际化——一种新兴的全球观念》一书中介绍了中国、美国、英国、法国、

① 黄立清，林竹，黄春霞，等．关于提升高校辅导员获得感的思考［J］．学校党建与思想教育，2019（20）：58-60；乐程，都辉．高校辅导员职业守则内化的保障机制［J］．思想政治教育研究，2020，36（1）：149-151.
② 黄丹凤．高校学生思想政治教育教师职称评价的实然发展与应然追求：以上海为例［J］．思想理论教育，2017（7）：83-88.
③ 王岱飚，孙彦军．职业倦怠视域下高校辅导员队伍建设激励机制研究［J］．黑龙江教育学报，2018，37（9）：35-38；彭榕．双重身份视角下高校辅导员工作绩效评价与激励机制构建［J］．思想理论教育导刊，2017（12）：146-149.
④ 费小平，汪海伟．人力资本视角下高校辅导员发展性评价与激励机制探究［J］．常州信息职业技术学院学报，2019，18（5）：1-3.
⑤ 邹涛，艾鸿．高校辅导员队伍长效激励机制构建研究：以"形势与政策"课课程建设为例［J］．学校党建与思想教育，2014（16）：69-70.
⑥ 王映，林秋琴，马林海．基于职业能力标准的高校辅导员培训课程标准研制构想［J］．思想理论教育，2019（9）：94-97.

德国、澳大利亚、加拿大等 17 个国家的学生事务的发展历程、组织机构体系、职能内容和目标、从业人员的职业发展和职业培训，以及面临的困难和挑战等。① 蒋婷燕②，邢昌华③以美国为例分析了美国高校辅导员的管理模式、职业内容、待遇与前景等，职业内容限定为学业辅导、职业辅导、社会和心理辅导，并根据美国劳工部 2017 年 5 月的数据显示，2017 年美国辅导员的年薪为 55410 美元，待遇接近全国各行业收入平均水平（37690 美元）。方芳④，严瑾⑤分别以英国和日本为例分析了高校辅导员工作内容、角色定位等影响辅导员工作积极性的关键问题，认为英国和日本高校辅导员的工作内容明确、边界清晰，工作重心侧重研究科学的评估手段和解决办法，为学生解决实际问题提供专业化的指导，具体的学生事务由专门的学生事务管理机构统一对接学生。在辅导员晋升方面，有着严格的晋升标准和程序，从初级、中级到高级，都有着明确的制度与规定，不同级别对应着不同的薪酬待遇⑥。在美国，辅导员作为一种专门职业，可申请教授、副教授职位的评聘，这些政策使辅导员将辅导员工作当作终身职业对待⑦。

① 奥斯菲尔德，等. 学生事务与服务的国际化：一种新兴的全球观念 [M]. 方明，等译. 上海：复旦大学出版社，2015.
② 蒋婷燕. 美国高校辅导员职业化与专业化发展启示 [J]. 思想政治教育研究，2019，35（4）：146-149.
③ 邢昌华. 中美高校辅导员激励机制研究对比及启示 [J]. 吉林工程技术师范学院学报，2014，30（9）：54-56.
④ 方芳. 中英高校学生事务管理理念比较与辅导员角色定位 [J]. 现代商贸工业，2017（27）：151-153.
⑤ 严瑾. 中日高校学生工作的比较及启示：基于南京农业大学和千叶大学辅导员工作的分析 [J]. 赤峰学院学报（自然科学版），2011，27（12）：241-243.
⑥ 赵海丰. 高校辅导员制度的演进与发展趋势研究 [D]. 沈阳：辽宁大学，2014.
⑦ 邢昌华. 中美高校辅导员激励机制研究对比及启示 [J]. 吉林工程技术师范学院学报，2014，30（9）：54-56.

1. 职业激励措施保障相关研究

西方国家高校会根据需要采取多种途径、多种方式提升辅导员职业动力，西方高校提升高校辅导员核心素养的方式呈现出规范化、自主性、非官方等特点。具体来说，有以下几种方式：

（1）多途径进行专业化的培养。国外非常注重对辅导员入职之后的专业化培养，采取了多种措施致力于提升辅导员的专业能力。一是颁布学生专业化的培养标准。如美国颁布的《学生事务专业人员硕士水平培养指导大纲和专业标准》。二是实践性质的项目。比如，美国规定各州至少有 1 所高校开设专门针对辅导员的实践项目，这些实践项目重点在于提升实践工作能力。三是给予科研支持。通过设立辅导员类别的工作研究项目、课题和期刊，从事高校辅导员工作的人员均可申请，相关理论成果可以在《辅导员杂志》《美国辅导员杂志》等多本辅导员专业期刊发表，供高校辅导员相互交流学习。

（2）精准的工作细化。如英国和日本的辅导员的工作内容和类别区分得非常精细，根据学生工作的具体内容划分为很多板块，且每位辅导员只专职从事其中一项工作，不会兼任和管理两项事务。因此，对辅导员来说，该岗位需要的专业技能要求特别高。以英国为例，心理咨询岗位一般要求心理学博士学位且具有一定的工作经验的人才能够担任。

（3）专业的管理机构。在西方，各行各业都注重"行业协会"对该行业人员专业能力的提升作用，辅导员行业亦是如此，形成了"以社会组织为主导、政府加以监督和支持，这样的方式，能够充分激发从业者的积极性，使从业者从中获取较高的职业成就"。以美国为例，美国学校辅导员协会（American School Counselor Association）把高校辅导员（学生事务管理人员）作为最主要的服务对象，提供全面的培训和进修机会，这些协会承担了大量的继续教育、能力提升、实践训练等工作，同时通过多种方式致力于提升辅导员这一行业在社会上的影响力和形象，全力推动和打造辅导员的专业化职业化专家化形象。

2. 辅导员职业阶段研究

不同的高等教育发展阶段、差异化的社会情境与文化等因素，使得中西方的学生工作者的管理理念、模式和制度也存在不同，相关研究的关注点也各有侧重。1981 年，Stanley Carpenter 和 Theodore Miller 提出："人类发展的基本原则是能够直接应用到专业发展中，专业发展从本质上讲是一个从单一到复杂行为的连续、累计的过程，且能够通过共同具有的水平或阶段来描述。"[①] 基于以上内容，Miller 和 Carpenter 将高校学生事务专业人员的职业发展划分为形成期、应用期、累积期、生成期等四个阶段。从整体上看，学生工作者发展阶段理论对指导美国学生工作职业化发展产生了积极影响。

---

① 李永山. 美国高校辅导员职业发展阶段理论及其启示 [J]. 学校党建与思想教育，2009（1）：78-80.

表0-2 主要国家（地区）的辅导员制度比较①

国家（地区）	机构名称	工作内容	辅导员构成	职业发展	制度特色
美国	学生事务部（一战后兴起，20世纪60年代得到扩张）	学术咨询、体育活动、校园安全服务、职业规划与生涯发展、社团服务、咨询和心理服务、招生、评估等服务	主要包括：行政辅导员、心理辅导员、职业辅导员、就业辅导员、学习辅导员	为获得专业培训，个人可参加学生事务硕士预科课程，课程是为了全面培养专业人士	少量专职专业人员对大学生进行管理，有专门的辅导员职业教育
英国	学生服务支持系统	包括学习指导、心理咨询、就业指导、特殊人群服务、经济援助与指导、个人指导师制四个方面	1. 负责人院长；2. 从业人员的背景和资质复杂；许多人为学生事务的专业人士和咨询人士；有些人来自学术背景，对学生事务产生了兴趣，从科研教学领域转向该领域；注重有相关工作经历，但后些没有相关经历，后期专注于该领域成为专家	常规管理培训是由内部员工发展部和外部部门一起完成的，培训不是强制性的。也有组织提供专业领域的培训机会，专业组织为培训做出了重大贡献，如历史最悠久的职业规划顾问协会	"以学生为本"，实行个人导师制，社会行业协会大量参与；秉承"顾客至上"的理念对学生进行服务

① 李洪波.基于演化视角的高校辅导员管理研究[M].镇江：江苏大学出版社，2016:6-12.

续表

国家（地区）	机构名称	工作内容	辅导员构成	职业发展	制度特色
中国香港	学生事务办公室（20世纪70年代开始出现）	就业、心理、学生活动等专业辅导	学生事务总长（校级官员）管理下共设3个机构：学生事务办公室、生涯教育学和咨询中心、个人发展和咨询中心	本地大学没有提供学生事务专业项目，从业人员寻求修读相关学科博士或研究生学历加强从业能力，如管理学、教育学、公共行政、社会学等	基于"全人发展"理念，辅导员队伍专业化，培训和进修制度系统化
马来西亚	学生事务部，1975年成立，下设学生事务科、学生发展科、学生咨询科、辅导健康服务科、校友中心	建立校园纪律和秩序，监督和规范学生校园活动等	1. 副校长和负责学生事务的秘书长，从学术界选拔；由教育部长任命； 2. 人员是职业管理者，全校范围内选拔，众多曾经担任学生领袖的年轻毕业工作人员	大多数为合同职工，职业发展和准备项目不经常按计划进行	根据市场需求培养高质量的毕业生

续表

国家（地区）	机构名称	工作内容	辅导员构成	职业发展	制度特色
菲律宾	学生事务办公室	角色包括教练、培训师、护士、教师等，会以一种方式照顾学生的父母照顾学生。奖学金和财政援助，咨询和指导，医疗服务，学生学业帮助，餐饮和食堂服务，生活设施，如学生宿舍，协助国际学生生活动，监督学生社会活动，特别是社会活动方案	1. 小的学校只配备1人，大的学校可能配备50人；2. 训导；主任监督管理学生事务办公室，并向大学副校长汇报；下设6个处；在主任主任的领导下每月召开例会	大多数高校没有针对学生事务人员的职业厂长和发展的内部项目。但有专业协会主办的定期在职培训，学校给予这些项目补助	1. 与欧美、澳大利亚等国家不一样的是要求学务工作人员要以类似于父母的方式照顾学生；2. 受国家民族传统的五个原则影响巨大，分别是自主自立、关系、共担风险、爱国主义、成为其他人的朋友；3. 被看作学术领域的辅助，是学生学业活动的支持系统

国家(地区)	机构名称	工作内容	辅导员构成	职业发展	制度特色
新加坡	学生事务办公室(1980年成立)	支持和引导学生生活动和学生组织、职业发展服务、职业服务、学生宿舍服务、国际学生服务、体育和学生服务、体育和娱乐等	大多数是行政岗位,至少有一个大学学位,从事辅导相关工作的人员具备相对教育的人员;近年来趋向于聘用任教师来担任教导主任和学生事务部门领导	高等学校发展历史较短,高层并没有大重视学生服务工作,更加关注学术工作,因此,学生事务工作人员认可度低,没有专业的技能培训,而是在工作岗位上摸索学习,还会被调配到其他行政管理部门	学生事务管理者被认可度低,属于行政而非教师,学生相对尊重而言更加重视。因此,人员逐渐被认为是规范人员,承担规范学生任务,是学生支持者和服务者
加拿大	学生事务管理高校学生服务协会(CACUSS)	住宿、饮食、咨询、职业发展、残疾人帮助、原住民和本国学生服务、财政支持、健康服务、学生成就、学生发展与领导力、奖学金、定向培训等	学生事务管理者,即学校副校长助理	目前只有一个针对学生服务专业人员的项目,是一个中等学后学习方面的硕士项目,设立在纽芬兰纪念大学,课程包括学生服务管理、成人教育、学生发展理论与教学等	大部分高校实行两院制管理模式,高级院管理者是事务会一员,因为学生成绩是最后理事会的决定者

续表

国家 (地区)	机构名称	工作内容	辅导员构成	职业发展	制度特色
澳大利亚	学生服务 (1914年起)	学习中心、咨询服务、健康保障服务、住宿、残疾人服务、权益服务、求职与就业服务	各学校之间服务职能范围大同小异,但提供服务方式区别大。通常学生服务部门会有一些传统的学生服务管理和一个负责教务管理的主管,之后全部向教务主任或者学校管理高层中一个有着类似职能的人汇报	高等教育部门对于学生服务作为一个专业领域缺乏正式的承认	在校学生强调企业文化,产生了对顾客服务服务体系的转移

续表

国家（地区）	机构名称	工作内容	辅导员构成	职业发展	制度特色
法国	高等学校福利服务网络	发放补助和福利，管理住宿和餐饮，支持和倡导开展各种文化活动以及向世界其他地区开放交流	国家大学事务管理中心和区域学生服务中心都是公共行政编制的单位，它们由国家代表，工会代表和学生团体组成的董事会共同管理	从业人员就学生事务进行广泛的国际交流和探讨有着相当长的历史，尤其是德国和欧洲国家，最为体现在与德国直接的交流是密切的。合作主要体现在从业人员互访，以及游说欧洲的教育机关将学生事务纳入博洛尼亚进程中	主要分为三个层次：一是国家大学事务管理中心，下辖28个当地以及16个网点服务地以及40多个提供区域的分支机构。二是区域服务中心，负责各自区域内几所高校的学生事务和服务工作，独立于高校。三是当地服务网点，业务上密切依附于区域中心，并附于独立的组织。

续表

国家 (地区)	机构名称	工作内容	辅导员构成	职业发展	制度特色
德国	大学生生活服务中心 全国有 61 个中心,为 300 所高等学校的 200 多万学生提供服务。	心理辅导和社会法律咨询服务,残疾学生可以使用 192 个托儿所,健康服务和学生保险,外国留学生获得特别帮助和咨询、众多文化活动	有三个管理实体:执行经理、董事会和行政管理委员会。董事会主席通常由学生来担任	相关学生事务机构不断增强相互间的联系,与其他欧洲国家学生事务管理机构努力重组欧盟学生事务委员会	1. 独立于高校; 2. 从事文化事务和为高校提供帮助的权力来自联邦政府

（三）国内外研究动态评述与启示

上述研究成果为本研究提供了一些重要理论来源和文献基础，但从总体上看，目前学界的研究还不够系统、深入。现有针对辅导员职业动力的影响因素的研究较为笼统分散，且举措建议的整体性构思还不足，未能厘清影响辅导员工作动力的内外因素及相互间逻辑关系。

1. 从研究视角看，现有研究的系统性存在一定不足。国家、学校、学院、辅导员自身等各因素综合作用于辅导员，目前各因素零散地分布在各学者的研究成果中，未将各因素进行整体考虑。辅导员激励机制建立是一个系统工程，涉及辅导员自身、所在的二级学院、学校层面、国家层面等的共同努力，因此，需要从战略整体的角度进行思考和规划。在实际研究中，必须重视从一个全局、全面的角度进行整体研究，要各方面的因素形成合力，系统地发挥作用。

2. 对策方面大多是从国家和高校制度设计的角度优化激励机制的实现，从宏观层面对辅导员激励机制提出一些建议、意见，但缺乏相应的配套细则，操作性不强，高校在实际工作中一般很难执行。但极少关注到作为主体的辅导员自身需要和工作特点，如双线晋升政策的制定，由于辅导员科研能力的缺失很难共享该政策福利。

3. 研究方式主要以定性分析为主、缺乏定量分析，以规范性研究为主、缺乏实证性研究，从而使研究成果呈现一定的主观性。因此，本研究在对高校辅导员进行调研的基础上，从切实推进辅导员激励机制落地的角度出发，探究辅导员激励机制建构和实施过程中存在的问题及原因分析，切实提出辅导员长效激励机制建议。

五、研究思路与主要内容

本研究按照"提出问题—分析问题—解决问题"的思路进行。在梳理现有国内外相关研究成果的基础上，从新时代背景下辅导员队伍建设的时代使命及面临的新挑战出发，以创新辅导员职业动力激励措施为主线，结合对全国部分高校辅导员队伍的调研结果，运用多元回归分析、结构方程等计量方法，从辅导员工作本身、学校、学院、辅导员个体等维度探讨影响辅导员职业动力的主要因素，并从国家政策制定、学校政策落实、学院品质化管理、个体自我赋能等方面提出切实有效的激励机制建议。

（一）研究思路

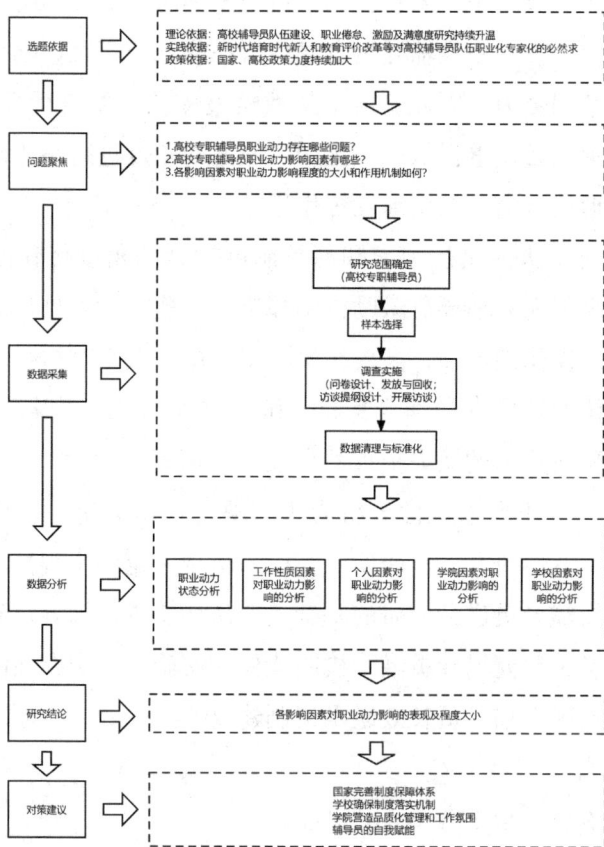

图 0-1　研究思路

（二）研究内容

1. 基于经验分析，厘清新时代高校专职辅导员职业动力的重要性

立足新时代高校思政工作的大背景，深入分析全国高校思想政治工作会议、教育部43号令、全国教育大会、党中央和国务院《深化新时代教育评价改革总体方案》等会议和文件精神要求，再次厘清新时代高校专职辅导员职业动力的重要性，切实凸显专职辅导员队伍职业动力激励措施的必要性和紧迫性。具体内容包括以下几点：（1）高校层面立德树人中心使命完成的需要。（2）学生层面全面发展的需要。（3）辅导员层面队伍职业化专业化专家化的需要。

2. 基于规范理论，提出高校专职辅导员职业动力影响因素的分析框架

基于管理学（组织控制理论）、经济学（理性经济人理论、选择性激励理论）、心理学（马斯洛的需求层次理论）等学科的基础理论，结合文献梳理、专家和辅导员访谈、笔者六年的辅导员工作经历，将影响辅导员职业动力的核心变量界定为四个维度19大因素：辅导员工作本身维度（工作强度、工作定位、工作价值、工作前景、工作成就）、学校维度（身份地位、薪资水平、职业发展、能力培训、考评嘉奖、其他福利）、学院维度（学工团队氛围、领导的能力、学院重视程度、个人成长、学院氛围）和个体维度（工作胜任力、态度动机、工作家庭平衡）。辅导员岗位因素为职业动力提供价值认同、个人因素是行动的内在动力、作为辅导员工作小环境的学院因素是直接动力源泉、学校因素对辅导员地位薪酬等组织化的管理对职业动力提高有关键作用。

3. 基于调研数据，分析四大维度的影响因素对辅导员职业动力的影响程度

（1）数据获取：采取访谈和发放问卷的方式，对部分高校人事部门、学工部和辅导员个人展开调研和调查。（2）分析思路：以高校专

职辅导员职业动力为因变量，以影响因素的四个维度 19 大因素为自变量，运用数据处理软件 EXCEL、SPSS 和 Amos 对调研数据进行统计与分析，呈现哪些是真正影响辅导员职业动力的影响因素。（3）结论呈现方式：描述性统计分析和多元回归分析。描述统计分析直观呈现每个因素的数据结果情况，直接反映辅导员对每个因素现状的满意度，体现学校在哪些方面做得完善和哪方面做得不足，从而梳理出辅导员职业动力现状及问题原因。而多元回归分析体现的是将所有因素作为一个整体，论证每个因素对职业动力的影响程度和相互作用机制。以学校维度的身份地位、薪资福利、职业发展、能力培训、考评嘉奖五个因素为例，描述统计分析发现，辅导员对学校的能力培训、职业发展、考评嘉奖的满意度非常高，而对身份地位和薪资水平的满意度比较低。同时，通过多元线性回归分析检验得知，实际上只有身份地位、职业发展影响辅导员工作积极性，而其他因素不会对辅导员工作积极性产生影响。由此可知，身份地位不仅真正影响辅导员工作动力，且辅导员对这两方面满意度较低，因此，学校可明确知道下一步的工作重点举措在于提高辅导员身份地位。

4. 基于典型案例，提出高校专职辅导员职业动力激励的优化策略

与前述的影响因素的理论模型相呼应，从国家、学校、学院、个人等层面存在的短板提出优化措施，以期为高校提出切实落地建议提供参考。寰观层面：国家完善高校辅导员队伍建设的政策保障体系，进一步科学定位辅导员的职责和角色。宏观层面：高校重在落实政策，切实提高辅导员薪资报酬、畅通辅导员晋升发展渠道、建立分层分类的学习培训体系、完善职业考核和激励机制。中观场域：学院层面实施品质化管理和营造良好工作氛围，增强辅导员人文关怀和归属感。微观维度：辅导员的自我赋能，坚定职业信念、拓展职业技能、进行职业规划。

（三）预计突破的难题

1. 具有高信度和效度的"高校专职辅导员职业动力影响因素量表和问卷"是整个研究的基础和起点，且对其他高校辅导员队伍职业动力现状分析具有适用性，因此，通过资料查阅、对象访谈和个人工作经验，较为客观、系统地提炼出辅导员职业动力的影响因素，这是本研究的难点。

2. 通过描述统计分析得出辅导员对哪些因素满意度低，同时通过多元回归分析得出各影响因素对辅导员职业动力的影响程度，并得出哪些因素真正影响辅导员工作的积极性，通过以上两方面的对比，得出高校对策的重点举措，这是本研究的亮点。

3. 根据量化和分析结果，并据此提出针对性、有效性、科学合理的改进策略和建议，为推动高校制定有效政策，以求下一步推广并为他校提供借鉴，这是本研究的重点。

六、研究方法

综合运用思想政治教育学、心理学、教育学等理论，采用问卷调查、个人访谈、文献研究等相结合的研究方法，将规范分析与实证分析、逻辑分析和归纳分析结合起来。

1. 文献分析方法

以往研究成果是本研究开展的前提和基础，只有全面梳理该主题的前期研究成果，才能进一步开展好本研究。因此，本研究将运用文献分析法查阅相关书籍、论文和既有的调研报告等文献材料，了解当前针对本课题研究的状况和进展，分析研究的不足之处，在此基础上为本研究做好准备工作。

2. 实证研究方法

问卷调查法。本研究将运用问卷调查法，全面掌握作为研究对象个人的高校辅导员在现实工作中的实际诉求、影响工作积极性的因素等方面，只有全面摸清辅导员队伍建设和激励措施，才能更好地明确问题和提出改进建议等。个人访谈法。本研究将在以下两部分运用到个人访谈法：一是前期问卷设计部分。问卷的设计是本研究开始的前提和重要基础，只有问卷设计合理，后续调研和分析才有合理性，因此，在问卷的设计上，我们一方面通过梳理文献来明确部分问题，另一方面，通过选取具有代表性的辅导员，如在工作时间上工作年限时间长的更熟悉整个队伍情况、在类别上包含副书记和专职辅导员以区分不同诉求等，然后通过个人访谈来抽引出课题研究的具体二级调研指标。二是对一些多年来长期从事思想政治教育的专家学者的专门访谈，提升课题研究的针对性和实效性。

3. 规范研究和实证研究相结合

首先提出了规范的理论分析框架，在这个理论框架的指导下对辅导员激励机制现状进行实证调研，据此提出具有针对性的对策，保证本研究的科学性和实践性。

4. 跨学科研究法

辅导员激励机制和积极性的提高是一个需要多学科共同研究的领域，工作积极性的提高是一个复杂的行为系统，就需要运用多学科的理论、方法，并进行综合，形成一个统一整体。本研究将管理学、思想政治教育、社会学、统计学等多个学科的研究视角和方法相结合，全面综合地反映问题本质，为辅导员队伍建设提供科学依据，力求从理论层面和实践层面为辅导员激励措施提供建议和对策。

七、创新之处与不足

本研究聚焦专职辅导员，结合文献整理和笔者自身六年辅导员的工作经历，提炼辅导员工作积极性的影响因素，并运用统计学方法，用数学模型分析和呈现影响要素对辅导员积极性的影响程度。从研究对象的聚焦专职辅导员、研究内容的影响因素的系统提炼、研究视角的双因素理论借鉴、研究方法上统计学运用都与之前大多数的研究有所不同，方法较新，视野开阔，针对性强，更易与实际紧密结合起来，取得有价值的成果。

（一）研究对象新

新时代，党和国家对高校思政工作的重视再次提到了新的高度，高校辅导员队伍建设是高校思政工作的重要一环。近年来，随着党和国家对高校思政工作的越来越重视，辅导员队伍也不断壮大，有专职辅导员、兼职辅导员、学生事务助理、聘任制辅导员等不同类别，不同类别的辅导员自身的诉求不一样，激励措施的运用也会不同。同时，专职辅导员是辅导员队伍中最为稳定的一支队伍，是高校思政工作的重要抓手。而以往针对辅导员队伍激励的研究都是面向全体辅导员的，因此，本研究以专职辅导员队伍为主进行研究，对他们不同的选拔方式、培训机会、管理模式、薪酬管理、激励机制等方面进行详细阐述，更全面地对高校学生管理工作提出建议，调动辅导员的工作积极性，提升人力资源的最大效益。

（二）研究内容新

在现有理论成果的基础上，进一步明确、完善了"高校辅导员激励因素"的科学内涵，通过对政策文件的研读、自身六年多一线辅导员经历、优秀辅导员特征和相关专家学者的已有研究成果，提炼出影响高校辅导员工作积极性的四要素：辅导员工作本身维度（工作强度、工作定位、工作价值、工作前景、工作成就）、学院维度（学工团队氛围、领导的能力、学院重视程度、学习成长、学院氛围）、学校维度（身份地位、薪资水平、职业发展、能力培训、考评嘉奖、其他福利）、辅导员个人维度（工作胜任力、态度动机、工作家庭平衡）。并分别从学校层面、个人层面、学院层面系统地提出了有针对性、有效性的对策和建议。

（三）研究视角新

思想政治工作是学校各项工作的生命线，辅导员职业动力直接关系到高校育人效果。新时代新征程赋予高校辅导员以新的责任与使命，辅导员工作干劲能否跟上党和国家对高校思想政治工作的高要求，这都与辅导员职业动力密切关联。而现实中，作为一名已有五年经历的高校辅导员，辅导员的职业动力和工作现状的确存在一些问题，可以说，对辅导员职业动力的研究是一项以问题为导向，具有鲜明的问题意识的研究。本研究以高校辅导员职业动力为研究对象，理论阐释与实证调研相结合，通过调研方式发现问题，把脉现实，努力全景呈现辅导员职业动力的整体情况和问题，并深入分析这些问题产生的原因，尝试探索优化提升辅导员职业动力的实施策略。

（四）研究方法新

以往的此类研究大部分为定性分析，定量研究很少，即使是定量研究，也是最基本的模式，即发放问卷，用 EXCEL 直接生成相关数据或者图表进行论证和分析，这里的论证和分析是以每个问题作为独立客体进行分析，基本没有考虑相互之间的关系。而本研究通过专题访谈，提出了研究假设，制作了辅导员工作积极性影响因素的调查量表，量表采用专业的"李克特计分法"，并严格按照统计学抽样调查和分析的专业知识设计了问卷。同时，在问卷分析过程中，运用了统计学的软件分析等方法，用数学模型对辅导员工作积极性表现（因变量）和各影响要素（自变量）之间的逻辑关系进行数量上的演绎解读，不仅通过描述统计分析的结果来呈现辅导员工作积极性的现状，以及对每个影响因素的满意度，同时，通过模型建立和回归分析的论证，进一步确定了影响辅导员工作积极性因素之间的影响程度，并提炼出哪些是真正影响辅导员工作积极性的真正因素，据此针对不同因素提出不同的建议和对策，达到真正激励辅导员工作积极性的效果。

第一章

新时代高校专职辅导员职业动力和激励机制概述

新时代高校辅导员同时具备"新时代"和"高校辅导员"的特点，新时代的高校辅导员的成长环境与经历也带有时代特点，随之而来的是辅导员性格等方面的差异，这些个性的差异和带有时代特点的特征也将明显地体现在工作特征中，对于工作中个人得失的权衡、对于个人利益的勇于争取等会更加明显和积极主动。同时，这些性格和工作特征的差异会直接影响辅导员需求和工作积极性的差异性，因此，准确把握新时代高校辅导员的个性特征，将更有效地提出针对性的激励措施，无疑可帮助高校更好地实施激励行为。

第一节 新时代高校专职辅导员成长时代特征

研究辅导员职业动力的前提之一是掌握目前在职辅导员的特点和需求，这一群体的总体特点和需求会影响辅导员在职业过程中处理工作的态度和状态，而这一群体的特点很大程度上受其成长过程中大的社会环境和小的周围环境的影响。总的来说，目前，高校辅导员一般为硕士研究生及以上学历，以 2023 年辅导员入职时间为截止点，目前在校的辅导员出生年份均分布于 1975 年至 1996 年，年龄段分布于 26 岁至 40 岁左右。这一阶段的辅导员是伴随着我国经济改革开放、计划生育政策推行及互联网的普及而成长起来的一代，这些独特的成长环境对个性特征、工作特征都有着重要的影响作用。

一、新时代高校辅导员的成长环境特征

成长环境的特点也会直接体现在辅导员个人性格特点上，这种性格特点也将会直接体现在辅导员工作中，作为辅导员队伍管理者，在行使管理权限和制定政策的时候就要考虑到对象作为新时代辅导员的特点，这样才能有的放矢。而这种成长环境可分为时代的大的宏观层面的政治经济、社会文化、科技水平，同时也包含家庭结构、父辈影响等微观层面的环境。总体来说，目前在职辅导员的成长环境带给辅导员的明显特点是更加注重独立、自主、权利等方面的争取和维护。因此，这一群体在工作上也会呈现出与以往辅导员的不同，比如，"任劳任怨"精神弱化，靠"情怀"保持工作劲头的情况难以维系，他们更关注的是自身付出和自身收获与获得之间是否成正比。

（一）宏观环境

从政治环境上看，目前在任辅导员皆出生于中国经济和政治体制改革的时代，长于稳定的政治环境、日趋完善的法治社会及自由民主的社会氛围中。相比于经历过战火纷飞、上山下乡洗礼的父辈，新时代高校辅导员在优越和平的大环境中，其身心也得到了健康成长，日渐完善的法律体系和民主政治体制对正处于价值观形成时期的他们产生了较大影响，这主要体现在对自我话语权、平等公正、自由民主的追求。

从经济环境上看，随着我国经济体制的转变、改革开放等重大经济政策的推进，在这一时期成长的人的思维上也更加发散，也更加容易接受新鲜事物，同时也更早更深刻地接触到了社会竞争，体现在这一代人

身上的特征便是更加现实和物质的价值观。

从社会文化环境上来看，随着生活水平的日益提高，这一代人普遍拥有较高的物质生活水平和丰富的精神生活，加上九年义务教育的普及和高校扩招，这一代人也普遍接受了高等教育，带来了高知识水平、开阔的思想、灵活的头脑和多元化的价值观念。

（二）微观环境

从家庭结构方面，现任辅导员群体大多数为独生子女，自身在成长过程中也是享受了充足的父母溺爱，这也体现出在性格上的相对的以自我为中心，更多地关注自我感受。因此，在工作中，一旦个人的付出和回报没有得到合理体现和工作付出没有得到认可，自我感受和需要的情感就会强烈，这将直接影响工作的积极性。

以上成长环境的特殊性也让这一代人有了明显的年代特征，上述所提到的对自我权利的强烈维护意识、对更现实物质的追求、更独立的个体意识等方面都会反应在辅导员的个性中，而这些个性将直接影响工作动力。如果个人的物质需求，或者尊重等得到了满足，那么则会积极工作，相反，则会通过自己的方式争取自己的权益，或者表现出工作懈怠。

二、新时代高校辅导员的个性特征

基于上述成长环境的分析，其为现任辅导员这一代人带来的是价值观多元化、自我意识和创新意识较强、职业理想多元化、注重工作与生活的平衡，由此体现在辅导员工作中的是工作强度的付出与工资薪酬回报对等、团队关系的平等，辅导员工作对自我价值的实现、对生活的影响程度等，这些都会直接影响工作积极性。

（一）价值观多元化，勇于表达自己的利益诉求

在多元性、开放性、务实性、自主性的市场经济大环境中，加之受

外来文化的影响，这一代人的价值观正逐渐由理想向现实转变。不同于父辈人"天道酬勤""任劳任怨""吃亏是福"等不计回报的无私奉献，这一时代的人，也就是目前的辅导员并不认为"谈钱伤感情""计较得失是小人"，而是更倾向于付出就要有回报等，对自己的正当利益会主动争取和维护。因此，如果工作的付出没有得到响应的回报，其后果就会体现在工作积极性的程度上，同时也会主动维护自身利益。

（二）自我意识较强，工作创新能力强

从上述的大环境成长角度来讲，善于质疑，思维活跃，向常规都是内在的性格特征，往往比较注重自我价值的实现和自我利益最大化，加之受西方观念的影响，他们追求思想上的独立自由和主张自我的话语权，较强的自尊心也使得自己更渴望被认可。同时，成长再多元化氛围之中，从小也形成了开拓进取、力求创新的性格，不喜欢循规蹈矩、重复做程序单一的任务，希望凭借个人能力和灵活的头脑从事有挑战的工作。因此，在实际的工作中，不会被传统的工作模式束缚，在按时完成工作的同时更倾向于不断摸索新的解决办法。

（三）民主意识强烈，级别观念淡化

活跃的思想和鲜明的个性，不乐意被限制和干预，喜欢按自己的方式工作、生活，有属于自己的空间，敢于提出自己的独立见解而不顾及他人，但是他们也认为人人生而平等，大到国家集体小到企业个人，都应该被公平公正的对待，个人利益和幸福应当如集体利益和发展一样被重视和满足。因此，在工作中，更喜欢自由民主、共同协商的沟通模式，不迷信权威，不屑于向职位级别更高资历更深的上级屈服，工作能力的强弱和人格魅力的大小才是他们对"排资论辈"的准则，体现在现实的工作中，便是良好的团队关系更能激发工作的积极性。

（四）崇尚独立和自主，重视职业中的自我感受

对于职业选择，则更加注重自己的兴趣所在，他们有着明显的偏

好，也相信只有在自己喜欢的岗位上才能够取得成功，自我成长意识和强烈的成才愿望，也是他们注重自我实现和渴望得到更多机会被组织认可的表现。因此，一方面看重辅导员行业的发展前景，另一方面也考虑自己在辅导员队伍中的职业发展，两者缺少任何一个，都会影响他们的工作积极性，甚至考虑转岗来实现自我职业发展。

（五）关注工作与生活的平衡，重视生活质量的保证

这一时代的人虽然不认同"工作至上"的牺牲奉献型精神，但不排斥在工作中的快节奏，认为工作是为了更好地生活，渴望能够保障工作与生活的平衡，因此，更倾向于将工作和生活明确分开，下班之后能享受个人的闲暇时间。而辅导员的工作性质具有弥散性，"24 小时不停歇""白加黑""5+2"也是对工作状态的鲜活写照，比如，对于辅导员有个隐形的规定，那就是"24 小时手机保持开机状态，不能关机"，如果有学生出现了危机事件，第一要求和最低要求就是要第一时间能联系上辅导员，否则也算是辅导员工作的失职。这样的工作特点，与这一代辅导员对生活质量的追求和重视是相冲突的，因此，面对这一现状，不能适应这种工作节奏的辅导员，要么就是等合适机会转岗，要么就是找到尽量在完成工作任务的同时努力争取、保证自己的生活时间和质量。

第二节　高校专职辅导员职业动力激励机制发展历程

新中国成立以来，我国高度重视高校思想政治教育工作。作为高等院校思想政治工作的"主力军"，历经七十多年的发展，辅导员队伍建设逐步走向职业化、专业化、专家化阶段。通过梳理新中国成立以来党中央、国务院和教育部辅导员队伍建设的各类文件政策，从整体看，辅

导员政策演变大致经历过了曲折发展阶段（1966—1976 年）、恢复与调整阶段（1976—1992 年）、新探索阶段（1992—2004 年）、专业化和职业化的开端（2004—2012 年）和专业化和职业化的全面发展阶段（2012 年至今）。

新中国成立后，20 世纪 50 年代辅导员制度正式建立并初步形成，1952 年教育部颁发《关于在高等学校有重点地试行政治工作制度的指示》，提出在全国高等学校校内设立政治工作机构，名称为政治辅导处。20 世纪六七十年代，我国高等教育发展处于停滞甚至倒退阶段，思想政治教育工作被忽视。1978 年 4 月举行的全国教育工作会议，提出"在一、二年级设立政治高校辅导员"的决定。

20 世纪 90 年代开始，辅导员制度逐步完善和巩固，建立素质过硬和数量充足的辅导员队伍成为高校思想政治教育工作的重要内容。2004 年，中央发布《关于进一步加强和改进大学生思想政治教育的意见》（以下简称"16 号文件"）等辅导员队伍建设文件，各级各类教育部门及各高校都高度重视辅导员队伍建设，在人员配备和资金方面予以支持和倾斜，积极探索辅导员职业发展的新平台和路径。在 16 号文件等文件制度的指导下，辅导员队伍建设逐步走向职业化、专业化、专家化阶段。

党的十八大以来，党中央、国务院高度重视高校辅导员队伍建设。近年来，出台了一系列辅导员队伍建设标准、待遇保障、专业素养提升等方面的政策文件。例如，2014 年 3 月教育部颁发《高等学校辅导员职业能力标准（暂行）》、2017 年 10 月 1 日教育部印发《普通高等学校辅导员队伍建设规定》等。习近平总书记关于高校思想政治工作也有一系列重要指示。例如，2016 年 12 月，习近平总书记在全国高校思想政治工作会议上发表重要讲话。2017 年 2 月，中共中央、国务院印发《关于加强和改进新形势下高校思想政治工作的意见》，并指出辅导员作为高校思想政治工作的主力军，要与思想政治课教师协同做好全过程育人，更好地满足新时代高校思想政治工作的要求。

2020 年 4 月 22 日，教育部等八部门发布《关于加快构建高校思想政治工作体系的意见》，提出要严格落实中央关于高校思政工作和党务工作队伍配备的各项指标性要求，完善高校专职辅导员职业发展体系，建立职级、职称"双线"晋升办法，学校应当结合实际情况为专职辅导员专设一定比例的正高级专业技术岗位……各高校应按照在校生总数每生每年不低于 20 元的标准，设立思想政治工作和党务工作队伍建设专项经费。"打造高素质思想政治工作和党务工作队伍。"[①]

表 1-1   国家政策梳理（2010 年至今）

年份	颁布单位	政策文本名称	政策核心要点
2013	教育部	《普通高等学校辅导员培训规划（2013—2017 年）》	1. 思想政治理论教育：马克思主义基本理论和党的创新理论教育；形势与政策教育 2. 专业素养提升：职业道德素质提升；科学文化素质提升；思想政治教育专业素质提升 3. 职业能力培养：思想政治教育基本能力培训；大学生党建工作培训；学生事务管理培训；心理健康教育培训；运用网络能力培训；职业生涯规划培训
2014	教育部	《高等学校辅导员职业能力标准（暂行）》	1.《标准》从初、中、高三个职业能力等级，对高校辅导员在思想政治教育、党团和班级建设、学业指导、日常事务管理、心理健康教育与咨询、网络思想政治教育、危机事件应对、职业规划与就业指导、理论与实践研究等九方面辅导员职业功能的工作内容进行规范 2. 初级辅导员一般工作年限为 1~3 年；中级辅导员一般工作年限为 4~8 年；高级辅导员一般工作 8 年以上

年份	颁布单位	政策文本名称	政策核心要点
2017	中共中央国务院	《关于加强和改进新形势下高校思想政治工作的意见》	1. 高校思想政治工作队伍和党务工作队伍具有教师和管理人员双重身份 2. 加强互联网思想政治工作载体建设 3. 健全高校思想政治工作评价体系，研究制定内容全面、指标合理、方法科学的评价体系
2017	教育部	《普通高等学校辅导员队伍建设规定》	1. 按总体上师生比不低于1∶200的比例设置专职辅导员岗位 2. 落实专职辅导员职务职级"双线"晋升要求 3. 专职辅导员专业技术职务（职称）评聘应更加注重考察工作业绩和育人实效，单列计划、单设标准、单独评审 4. 攻读相关专业学位 5. 承担思想政治理论课等相关课程的教学工作
2020	教育部等八部门	《关于加快构建高校思想政治工作体系的意见》	1. 建立职级、职称"双线"晋升办法 2. 专设一定比例的正高级专业技术岗位 3. 建立完善高校专职辅导员管理岗位（职员等级）晋升制度 4. 按规定签订聘用合同，不得用劳务派遣、人事代理等方式聘用辅导员 5 组织开展国家示范培训、海内外访学研修、在职攻读硕士博士学位等专项计划

　　整体而言，高职辅导员队伍的学历层次、整体素质在不断提升，但仍旧面临着来自历史维度、现实维度、政策维度和群体维度的挑战。只有继续促进辅导员职业能力提升，加强辅导员队伍建设，才能更有效地保障高职院校人才培养质量。对此，本研究以"辅导员职业能力"作为研究对象，通过实证研究的方式去探析辅导员职业能力现状、影响因素，寻找恰当的政策支持，进行改革改进，促进新时代高职辅导员队伍的职业化、专业化和专家化，实现辅导员队伍的可持续发展。

第三节 新时代高校辅导员职业动力和激励机制现状

近年来，随着国家层面对高校思想政治工作的重视，在各项激励政策方面的顶层设计进行了不断优化，全国各地高校也结合实际进行了持续探索，中共中央、国务院、教育部等出台了系列制度、文件、意见等，对包括辅导员队伍在内的高校思想政治工作队伍建设做出了新的部署。高校辅导员队伍在国家层面的关注下，在素质、能力、规模上均有较大提升和发展，我国高校辅导员队伍专业化职业化建设取得了显著成效。笔者在 2020 年 12 月参加了由厦门大学举办的全国高校思想政治工作骨干培训，来自全国各地近 110 所高校的思政工作骨干参加了此次培训，此次参加的辅导员皆为各高校的工龄 3 年以上的骨干辅导员。因前期课题需要，笔者在这次培训会上以"高校辅导员双线晋升政策"为主题进行了问卷调研、思政专家和辅导员访谈，因为调研和访谈皆是围绕辅导员的工作、生活、职业发展等情况进行的，因此这一项调研成果的部分数据也适用于本研究"高校辅导员职业动力影响因素"。调研编制了《新时代高校辅导员双线晋升政策实施现状调查问卷》，问卷分为基本信息、"教师职称"晋升制度的出台情况、落实情况、结果运用情况、辅导员自身晋升难点五个部分。通过问卷星收集到 26 个省份 96 所高校的 96 份有效数据。高校样本从高校层次、所在省份等要素涵盖了全国各类高校，具有普遍意义。

问卷调查的 96 所高校及辅导员样本基本情况如表 1-2 所示。

表1-2　96所高校及辅导员样本基本情况

变量	名称	频次	百分比	变量	名称	频次	百分比
高校类别（96所）	211（非985）	28	29.17%	辅导员专业	理工类	28	29.17%
	985	13	13.54%		文史类	68	70.83%
	普通本科	42	43.75%	辅导员工作年限	1~2年	6	6.25%
	职业院校	10	10.42%		3~5年	20	20.83%
	专科	2	2.08%		6~10年	36	37.50%
	民办	1	1.04%		10年以上	34	35.42%
高校区域	北京	27	72.00%	辅导员职级	副处	21	21.88%
	京外	69	28.00%		正科	32	33.33%
辅导员学历	本科	10	10.42%		副科	16	16.67%
	硕士	73	76.04%		未定级	27	28.13%
	博士	13	13.54%	辅导员职称	副高	16	16.67%
辅导员职务	专职辅导员	69	71.88%		中级	61	63.54%
	学工部人员	13	13.54%		初级	10	10.42%
	副书记	14	14.58%		未定级	9	9.38%

一、队伍规模和质量不断提高，结构需进一步优化

任何一项任务和工作的完成，都要靠具体的人员队伍来执行。而人员队伍的规模以及机构将直接影响这支队伍的干劲和氛围，从而影响工作任务的完成度。同样，关于高校学生事务管理和思想政治教育工作，确保辅导员队伍规模数量和结构合理，是高校辅导员队伍工作有干劲的一个重要因素。

首先，队伍规模上逐步增加。根据《普通高等学校辅导员队伍建设规定》，高校应按照师生比不低于1∶200的比例设置专职辅导员岗位，再加上贯彻落实全国教育工作会议和学校思想政治理论课教师座谈

会精神等要求，高校逐步采取措施来完成辅导员队伍的选聘配备工作，工作进展成效显著，辅导员队伍总体规模逐步增加，队伍结构不断优化。据 2022 年 3 月 17 日教育部新闻发布会数据显示，全国高校专兼职辅导员达 24.08 万人。不仅是整体规模和数量的增加，师生比实现从 1∶205 到 1∶171，31 个省（区、市）辅导员配备实现整体达标。①

其次，队伍质量也不断提高。质量体现在人员聘用方式、学历结构、专业背景等方面。第一，人员聘用方式上实现了辅导员的编制解决。教育部等八部门联合印发的《关于加快构建高校思想政治工作体系的意见》明确要求："高校严格落实专职辅导员人事管理政策，按规定签订聘用合同，不得用劳务派遣、人事代理等方式聘用辅导员。"②第二，在学历方面，辅导员队伍的学历层次也不断提高。前文提到的调研中，调研对象中有 12.94% 的辅导员仅为本科学历，而硕士学历的辅导员同志占比极大，高达 75.51%，此外，值得一提的是，在所调样本中，有比例约为 11.55% 的辅导员为博士学历。第三，在调研对象中，按照其所学专业大致分为了三类，分别为思政专业、理工类专业以及文综类专业，由图 1-2 可知，辅导员团体中约有 27.10% 的人为思政专业类出身，23.95% 的人为理工类专业出身，剩余占比 48.95% 的人则为文综类专业出身，占比约为一半。

---

① 教育部：全国高校专兼职辅导员达 24.08 万人师生比 1∶171 [EB/OL]．（2022-03-17）[2025-03-03]．http：//www．moe．gov．cn/fbh/live/2022/54301/mtbd/202203/t20220317_ 608428．html．

② 中华人民共和国教育部．教育部等八部门关于加快构建高校思想政治工作体系的意见 [EB/OL]．（2020-04-28）[2025-03-03]．http：//www．moe．gov．cn/srcsite/A12/moe_ 1407/s253/202005/t20200511_ 452697．html．

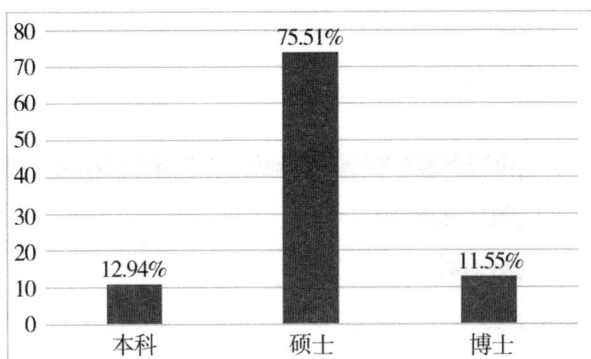

图1-1　样本学历分布及相应占比

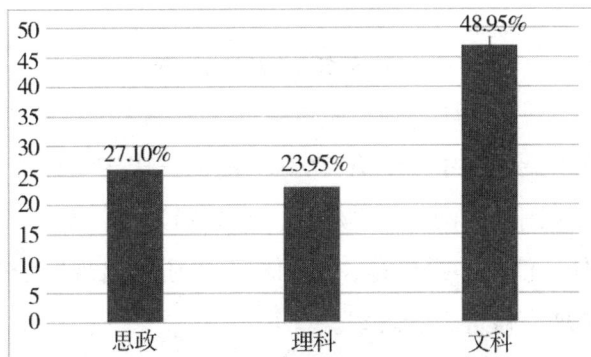

图1-2　样本专业分布及相应占比

　　再次，人员结构还需要进一步优化，这主要体现在辅导员队伍中基层辅导员、辅导员职级为中级的人数太多。

　　第一，针对本研究所抽取的新时代高校辅导员样本团队，在研究中给出了其相应可选的工作职务。在所调样本中，工作职务为专职辅导员的占比较大，已超过一半，为56.99%，其次的职务为副书记，样本占比约为15.05%，就本研究所给其他明确职务而言，其相应样本占比均未超过10%，甚至在所调样本中并未出现职务为学工部处长的人员。针对本问题而言，所调人群中有约 13.98% 的职务，并未出现在所给选项中，这值得进一步探讨。

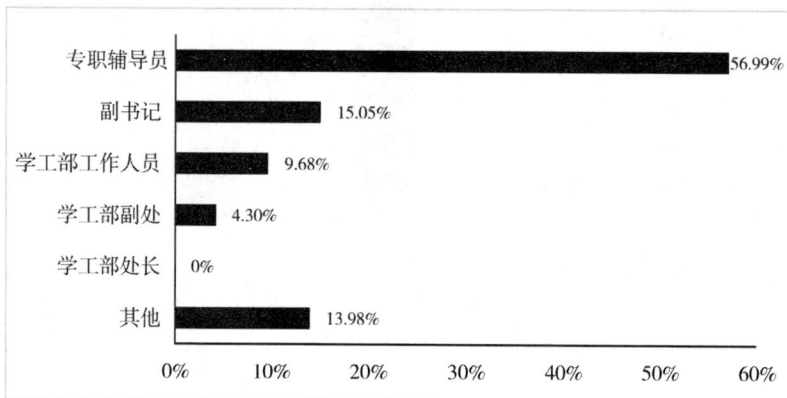

图 1-3 职务分布及相应频数

第二，在所调样本中，约有 27.96% 的同志未定工作职级，职级为副科、正科以及副处的同志，其相应占比分别为 16.13%、33.33% 以及 22.58%，此外，值得一提的是，所调样本中还未出现职级为正处的人员，其后续进展应做进一步观望。

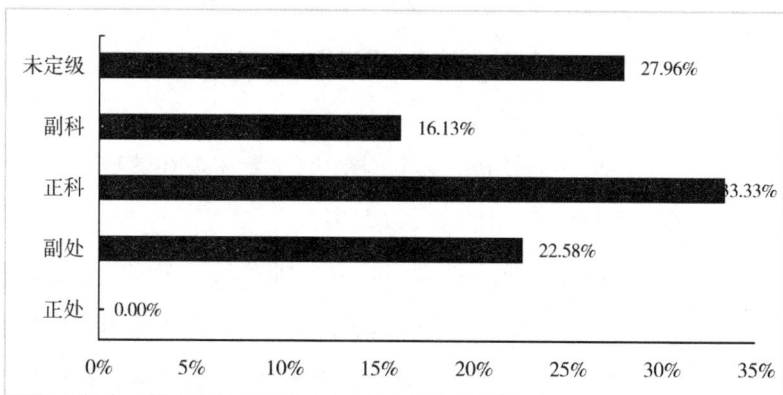

图 1-4 职级分布及相应频数（柱状图）

第三，调研数据显示，按照相应职称大致分为了九类，分别为未定级、初级、中级、副高以及正高级，其中初级至高级，又按照研究员及讲师之分分为两类，由图1-5可知，在所调辅导员团队中，无论是研究员还是讲师，均无正高级职称的同志，在已评定职称的辅导员团队中，中级职称所有者人数均较多，此外，在所调样本中，仍有9.68%的辅导员未定级，需做进一步了解。由图1-6可知，在本研究所抽取调查的新时代高校辅导员样本团队中，有2.08%的辅导员仅通过1年的工作就获得现有职称，但占比较少，对本研究关于工作时长的剩余分组来说，其人员占比相差不大，具体而言，有23.96%的辅导员通过工作1~3年获得现有职称，有31.25%的辅导员通过工作3~6年获得现有职称，有26.04%的辅导员则是工作了7年及以上的时间，才获得了现有职称。值得一提的是，有16.67%的受调人员未填写该问题，其缘由需做进一步探讨。

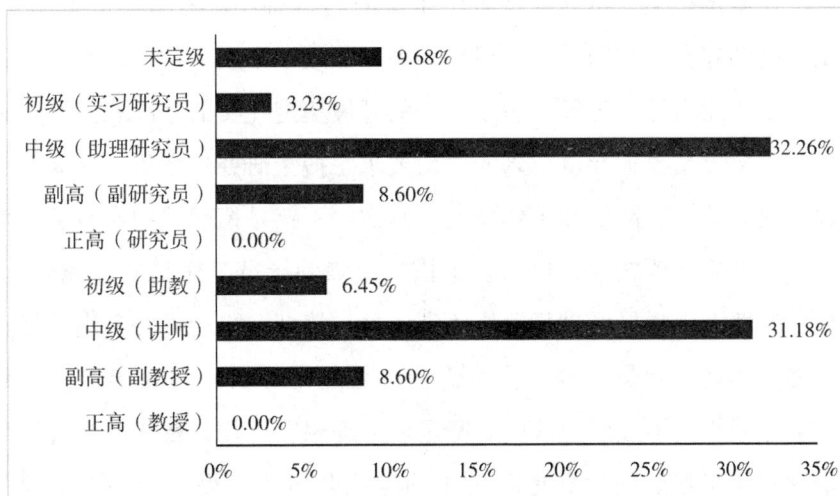

图1-5　职称分布及相应占比

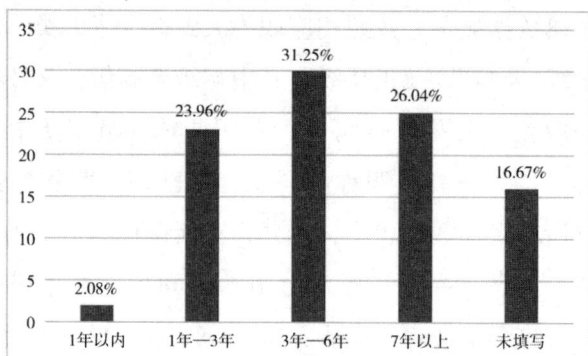

图 1-6 职称评定时长分布及相应占比（柱状图）

综上所述，辅导员队伍的改善不只是人员在数量上的递增和增加，从而逐步实现了在规模上达到规定要求的师生比 1∶200，而更重要的是，在数量增加的同时，伴随着的是辅导员队伍内涵和质量的提高。比如，严格质量把关，将辅导员队伍质量的提高前置在招聘环节工作中，不断提高辅导员招聘门槛，确保新聘辅导员政治素质、学历水平、知识储备、工作能力等，为确保后续工作的开展奠定扎实的基础和条件。近些年来，部分高校辅导员招聘的学历要求是博士研究生学历，这无疑也会逐步提高辅导员队伍和工作质量。其次，不仅是招聘严把质量关，而且在招聘进来入职之后，更是多举措来保障辅导员工作高质量地开展，比如，对新上岗辅导员进行严格培训，并且培训合格后颁发上岗资格证书，逐步实现辅导员持证上岗。许多高校还举办新入职辅导员宣誓仪式，引导辅导员增强职业认同、坚定职业理想。比如，教育部高校辅导员培训和研修基地的设立也是对于辅导员队伍质量提升的一大重要举措，旨在科学规范地提升辅导员工作水平。如北京师范大学辅导员发展中心作为高校思想政治工作队伍培训研修中心和北京高校辅导员培训研修基地，每年 9 月会举办面向新任辅导员的培训。也正是为了进一步保证和提高辅导员工作质量，2007 年 7 月，教育部公布了首批 21 个教育部高校辅导员培训和研修基地，隶属于教育部，除承担培训任务外，还要承担专题研究的任务，要在教学实践和科研的基础上，为教育部和省级教育部门制订相关政策提供决策咨询，确保政策的合理到位，努力成为加强辅导员队伍建设及大学生思想政治教育的智库。只有辅导员培训这项工作跟上了，才能够全面提高辅导员的素质和工作水平，为辅导员的发展打下坚实的基础。

二、发展渠道不断拓宽，晋升机制需进一步完善

系统完备、科学有效的规章制度在辅导员队伍建设中往往更具根本性、基础性和稳定性。辅导员作为高校思想政治工作的骨干力量，承担着立德树人的一线工作，肩负培养新时代社会主义建设者和接班人的时代使命。然而，因职业发展空间小和角色身份不明朗引起的辅导员职业倦怠和人员流失是亟待解决的问题之一。[①] 为解决这一问题，国家也陆续出台相关文件拓宽辅导员职业发展路径，2006 年，教育部出台《普通高等学校辅导员队伍建设规定》（教育部令第 24 号），明确提出要把辅导员队伍作为教师队伍和管理队伍的重要组成部分来建设，这是第一次针对高校辅导员这一群体制定发布的部门规章。2017 年，教育部修订出台了新的《普通高等学校辅导员队伍建设规定》（教育部令第 43 号），进一步强调辅导员作为高校教师和管理人员的双重身份，明确工作职责、界定任职条件、提出培训要求，畅通辅导员队伍"双线晋升"

[①]　冯刚. 持续推进高校辅导员队伍专业化职业化建设 [J]. 高校辅导员，2020（3）：
3-7；王显芳，任雅才，亓振华. 新时代高校辅导员队伍专业化发展的理论逻辑和现实路径 [J]. 思想教育研究，2019（4）：132-135；顾永东，袁瑜. 高校辅导员工作效能的需求响应激励机制构建：一项基于扎根理论的探索性研究 [J]. 江苏高教，2020（12）：113-117.

通道，为辅导员队伍专业化职业化建设提供了基本依据。此外，教育部还出台了《关于加强高等学校辅导员班主任队伍建设的意见》《高等学校辅导员职业能力标准（暂行）》《关于加强高校辅导员基层实践锻炼的通知》等一系列文件，对辅导员队伍建设进行了制度安排。各地教育主管部门和高校也纷纷出台辅导员队伍建设相关文件，辅导员队伍专业化职业化建设的制度保障不断完善。新时代，随着高校立德树人育人目标的实现更需凸显辅导员的教师身份及育人功能，2020 年 4 月 22 日教育部等八部门联合印发《关于加快构建高校思想政治工作体系的意见》再次强调，"建立职级、职称'双线'晋升办法"，并着重要求各高校制定专门办法和激励保障机制落实"教师职称"评聘。可见，国家始终高度重视辅导员职业发展和晋升的落实，尽管在政策上明确了辅导员教师身份与评聘要求，但该政策在高校的落实情况依然不够理想，存在晋升制度缺位、辅导员工作时间碎片化、工作内容边界不清、科研能力和动力不足等现实困境。[①] 尽管这些政策在执行上也会出现效果的不如意，但是随着国家政策和相关制度的出台，也逐步提高了社会对辅导员的认识，辅导员自身也逐步感受到了地位的提高，这样就能起到很好的激励保障作用，更好地促进辅导员的职业动力和积极性。

辅导员通过专业技术评聘实现"教师职称"晋升是畅通职业发展渠道和教师身份"亮剑"的有力举措，目前各高校纷纷出台并落实辅导员"教师职称"晋升制度，旨在推进辅导员队伍专业化职业化建设，推进高校人才培养目标的实现。

近年来，高校正逐步按照教师系列职称评审的标准和要求，按助

---

① 谈传生，胡景谱，刘文成 . 高校辅导员专业化职业化发展的现实困境及破解路径：基于中部某省 51 所高校 3176 名辅导员的实证调查［J］. 思想教育研究，2022（1）：148-153；杨璐柳婷，吴晓培，丁瑞庭，等 . 新时期高校辅导员科研能力提升困境及应对［J］. 高校辅导员，2021（2）：75-79；王振华，朱蓉蓉 . 论新时代高校辅导员队伍建设的优化［J］. 学校党建与思想教育，2022（2）：258-260.

教、讲师、副教授、教授设置职称系列，使辅导员可以评聘思想政治教育学科或其他相关学科的职称。许多高校在开展辅导员职称评定时，成立专门的评聘小组，出台辅导员晋升教师序列专业技术职务文件，评聘实行单列计划、单设标准、单独评审，评聘标准突出学生工作特点，充分体现工作实绩与科研成果相结合的原则。但也有学者认为，"教师职称"晋升存在科研标准高、学生工作业绩权重不合理等与辅导员的工作特征不匹配问题，实际上是辅导员晋升的双重困境，辅导员队伍提质增效的初衷未能有效实现。[①] 因此，虽然近些年国家和部分高校陆续出台了针对辅导员职业发展的政策和文件，但也因为在执行过程中存在一些问题影响政策的实效性。这可以通过以下的调研数据显示：

"您学校是否制定了针对专职辅导员的双线晋升政策？"由图 1-7 可知，针对本研究所抽取调查的新时代高校辅导员样本团队所在的院校，有 74.47% 的院校确实针对专职辅导员制定了相应的双线晋升政策，而有 19.15% 的院校其并未制定相应的双线晋升策略，此外，有占比 6.38% 的受访者并未关注其所在院校的相应政策，无法提供有用信息。

---

① 刘健康. 高校辅导员职称评审需要平衡三对矛盾冲突［J］. 高校辅导员，2020（5）：52-55；陈向明，王富伟. 高等学校辅导员双线晋升悖论：一项基于扎根理论的研究［J］. 教育研究，2021，42（2）：80-96.

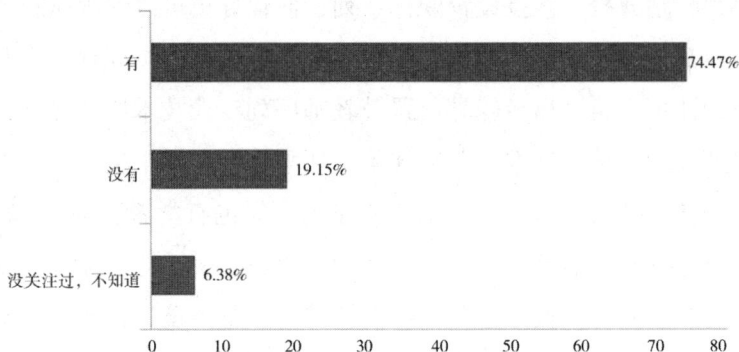

图 1-7 双线晋升政策普及程度及相应频数（条形图）

但是，即使部分高校制定了晋升政策，但是在政策和制度本身和执行过程中也存在一些问题，就现下所实行的双线晋升政策而言，本研究还进一步探讨了造成双线晋升困难的可能原因，由图 1-8 可知，在受调院校辅导员团体中，相应的制度、政策因素排首要位置，得分高达2.89，次之为个人因素，得分为 2.57，此外，还有部分学校管理因素，其得分为 1.88，处在最末位的为其他因素。

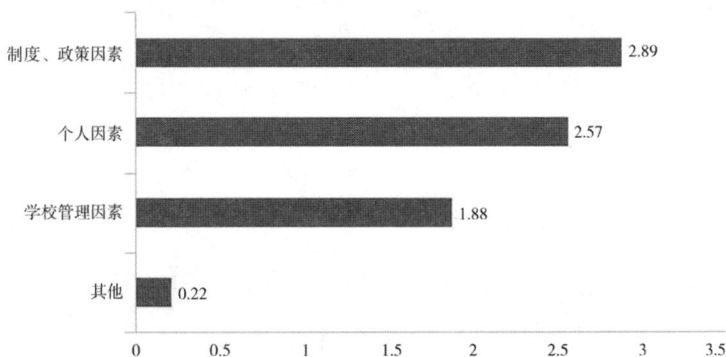

图 1-8 个人双线晋升发展阻碍因素统计（条形图）

在上题中得分最高的"制度、政策因素"中，问题出现在以下方面："贵单位专业技术职称评聘是单列计划、标准和单独评审吗？"本研究根据所抽取调查的新时代高校辅导员样本团队所在的院校，针对其专业技术职称评聘是否为单列计划进行了相应调查，由图1-9可知，受调院校中，有82.86%的专业技术职称评聘是单列计划，占比极大，有10%是在评聘过程中与马院科研老师一起的，剩余7.14%的是采用其他评聘方式的。

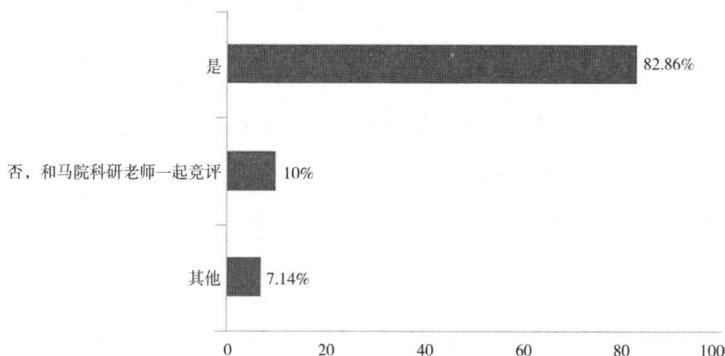

图1-9　专业职称评聘标准分布及相应占比

"您觉得贵单位针对专职辅导员双线晋升政策有哪些问题？"为探讨各院校专职辅导员双线晋升策略所存在的潜在问题，本研究设立了如上问题，并简单列举了可能存在的问题以供选择，由图1-10可知，专业技术职称评聘科研标准偏高和专业技术职称评聘标准设置缺乏对学生工作性质的考量是现下双线晋升政策中普遍存在的问题，占比分别为60%与55.71%，此外，还可以看到行政职级标准过于宽泛与其他问题也是存在的，只不过其比例均较低，值得一提的是，各院校在实行双线晋升政策时并无不公现象，这是极好的。

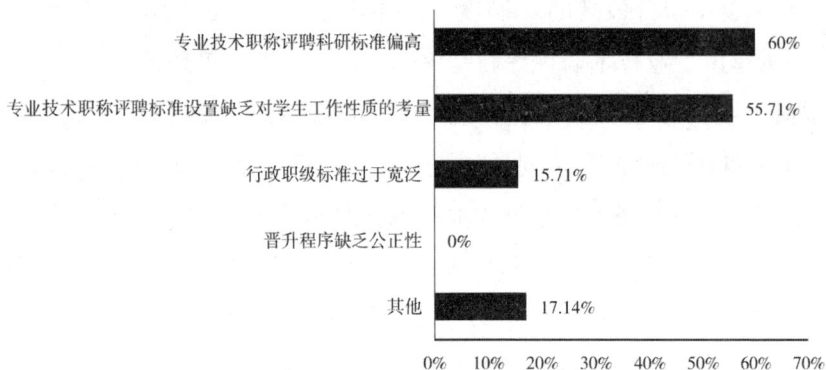

图 1-10　双线晋升政策潜在问题占比图

"您觉得贵单位双线晋升政策执行结果如何?"为探讨各院校专职辅导员双线晋升策略的实行效果,本研究设立了如上问题,以探讨其受众反应,由图 1-11 可知,在实行专职辅导员双线晋升政策的院校中,有78.57%的受访辅导员认为双线政策的实行是十分公平的,是严格按照政策标准执行的,但相对的,有21.43%的受众认为其实行效果不好,不公平,究其原因,需做进一步调查。

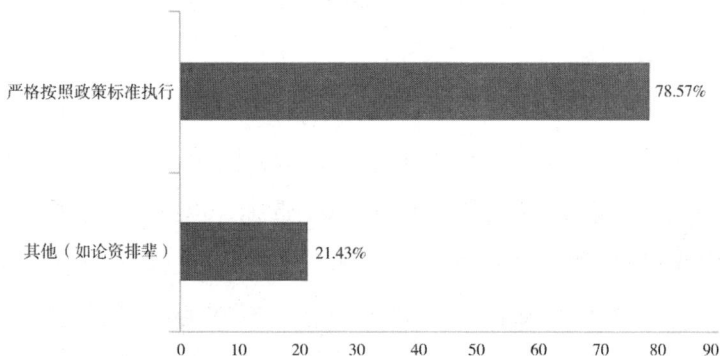

图 1-11　双线晋升政策执行结果分布及相应频数(柱状图)

综合上述数据分析可知,首先,制度的出台是关键。90%的高校出台了专门的"教师职称"晋升制度，而有 10% 的院校还未制定制度。其次，制度的执行是关键。已出台制度的高校中，仍有 22.34% 的高校并未真正落实执行该制度，受访辅导员也提到"制度没有执行和执行没有连续性"是一个显著问题。相反，也有部分高校并未制定正式的成文制度，但实际进行了评聘晋升，评聘标准只规定了工作年限等简要条件，符合年限的辅导员去竞聘，通过评委打分或者商议确定晋升人员。最后，制度的执行是否按照"三单"是核心。已落实晋升制度的高校中，82.86% 的高校严格按照"三单"执行，仍有 10% 的高校辅导员与马克思主义学院科研老师竞聘，7.14% 的高校采用其他方式，如与背景学科相似的科研教师一起评聘。教师职称命名也存在差异，23.40% 称为副研究员和研究员，74.47% 称为副教授和教授。总体来说，作为执行主体的高校，刚性要求下制度出台的高比例与落实过程中的弹性执行形成了鲜明对比，部分高校未出台晋升制度的"无章可循"、出台制度但未落实的"有章未循"、落实但未按照"三单"执行的"循章不严"等执行力不足的表现严重影响了晋升制度的实效性。上述"选择性执行"和"象征性执行"的原因在于对该政策出台的合理性和必要性认识不深入，认为双线晋升政策是对辅导员队伍的额外馈赠政策和特殊关照性制度安排，是政策性支持与倾斜。即使部分高校执行了该政策，"重视"辅导员队伍建设，也不乏搞"政治正确"的原因。实际上，双线晋升政策是根源于实践的生成，而且这种根源于实践的政策合理性要素在新时代也进一步凸显，"教育部对辅导员进行教师和干部'双重身份'的界定，是充分考虑辅导员工作具有的教育和管理双重性质，根据辅导员的成长实际和对辅导员队伍长远发展的规划，从理论和政策层面做出的科学规定"①。

以上分析的辅导员的发展渠道和晋升制度不完善的问题在各大高校普遍存在，这也就导致了整个辅导员队伍中可能只有极少数有晋升空间。这将进一步产生后果，辅导员在辅导员岗位上的晋升机会小，于是就在干满各高校要求的最短年限之后转岗，转入行政岗、教研工作岗，辅导员工作也成为自己的铺路石，因此，这也就直接影响了辅导员队伍的稳定性，辅导员工作水平的提升也将受到直接阻碍。

三、专业水平不断提高，工作热情需进一步提升

在一项工作中，一个员工只有工作能力和工作热情同时具备，才能保证工作质量的高效开展。工作能力和工作热情作为工作质量的必要不充分条件，如果工作能力有限，且仅有工作态度和热情，这样的情况下工作质量无法保证；相反，如果工作能力很强，但是工作态度和工作热情存在问题，则工作能力很难发挥作用，这样的情况下工作质量也很难保证。因此，只有员工同时具备硬条件的工作能力，同时也在软要素上具有较高的工作热情和态度，那么在工作能力和工作热情的双向互动下，工作质量、效率和效果才能达到最佳状态。在近些年辅导员的队伍中，调研数据显示，无论是本身具有的先天条件，还是后期辅导员岗位的锻炼和积累，辅导员对自身的工作水平和能力都是非常自信的，但是由于各种原因在工作热情上却存在相对的弱化。"部分辅导员职业倦怠明显，这不仅影响辅导员身心健康，同时会影响工作氛围、家庭和谐、同事感情、工作质量，尤其直接影响接受教育的学生心理，需要引起相

---

① 李友富. 高校辅导员队伍专业化职业化建设策略研究［J］. 思想教育研究，2019（3）：123-127.

关教育部门的高度重视。"① 在笔者进行的调研中，针对"您在近年的工作中是否有下列情况？（按照原因重要性进行顺序选择）"这一题目中，本研究进一步调查了样本辅导员现下的工作状态，由图 1-12 可知，确实存在着工作性倦怠现象，得分最高的前两位均反映出此现象，工作状态良好的选项得分排第三位，仅为 1.48 分，可以由此看出一定的问题，此外，离职选项排名最末，但其得分与前述得分相差不大，值得深入考虑此现象。

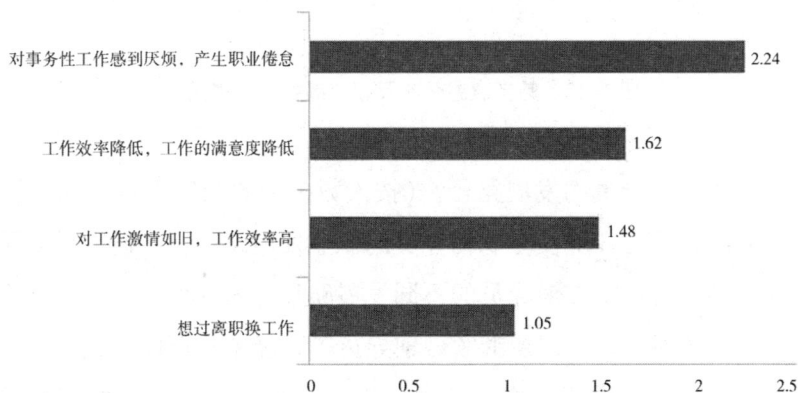

对事务性工作感到厌烦，产生职业倦怠　2.24
工作效率降低，工作的满意度降低　1.62
对工作激情如旧，工作效率高　1.48
想过离职换工作　1.05

0　0.5　1　1.5　2　2.5

图 1-12　个人职业发展态度分布（条形图）

不仅存在职业倦怠，而且"转岗"也成为重要去向，在"您将来也会考虑转岗吗？"为进一步探讨各院校专职辅导员转岗意愿分化问题，本研究设立了如上问题以供选择，由图 1-13 可知，在所调样本团队中，有约 52.13% 的辅导员愿意转岗，与此相对，仅有 15.96% 的辅导员不愿转岗，此外，还有 31.91% 的专职辅导员未考虑清楚是否要转岗，这一数据引人深思。

---

① 张宏亮，柯柏玲，戴湘竹. 基于卡方检验法的高校辅导员职业倦怠影响因素分析及对策［J］. 思想政治教育研究，2020，36（3）：148.

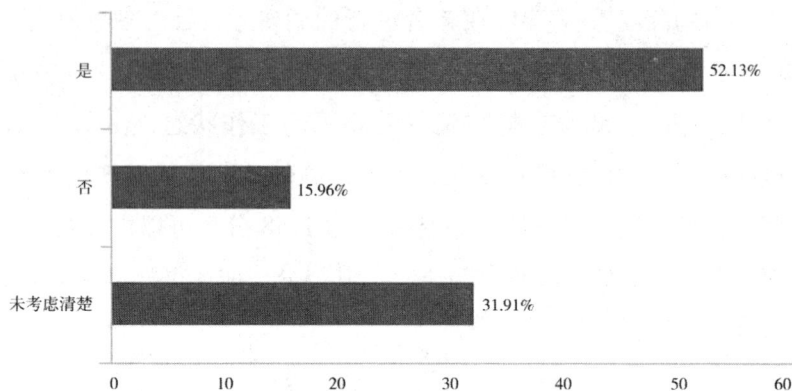

图 1-13 转岗意愿分布及相应频数（条形图）

在"贵校辅导员的发展路径？（按人数多少的顺序进行选择）"题目中，为细致探讨各院校专职辅导员的职业发展路径，本研究设立了如上问题，以探讨各院校辅导员的不同发展路径，研究设立了如下几个可选选项，如转岗、副书记、继续做辅导员等，经调查可以看到，在上述陈列的辅导员的发展路径中，转岗的得分最高，为3.39，继续做辅导员与副书记次之，得分分别为2.62与2.34，相差不大，而转职做其他的得分最低，仅为0.3。

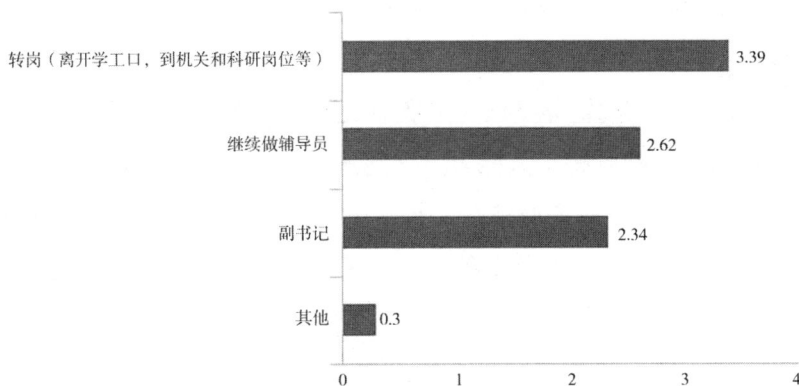

图 1-14　专职辅导员发展路径得分图（柱状图）

在"贵校转岗的辅导员转到何种岗位?"题目中，为细致分析各院校专职辅导员转岗后的具体去向，本研究设立了如上问题，并设立了如下几个可选选项，如转岗至机关、科研老师、其他等，经调查可以看到，在上述陈列的辅导员的转岗后的发展路径中，转岗至机关的得分最高，为 2.67，转岗至科研老师与其他的得分次之，分别为 1.07 与0.78，两者相差不大。

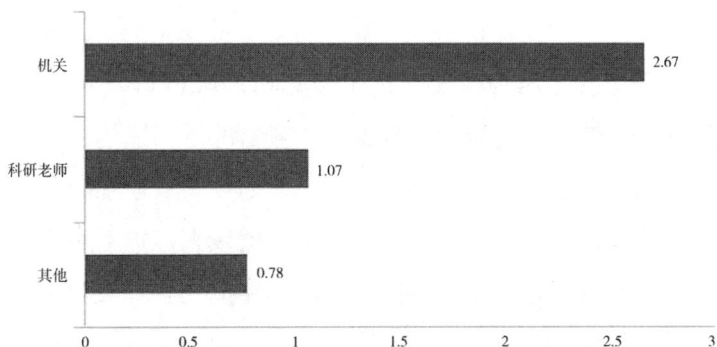

图 1-15　专职辅导员转岗就业得分图（条形图）

从调研数据看，辅导员工作能力普遍比较强、专业化水平不断提高。调查中，82.08%的辅导员认为"我有良好的政治素质和较高的理论素养"、90.77%的辅导员认为"我有良好的专业背景知识"、90.77%的辅导员认为"我觉得个人能力完全胜任工作"、87.77%的辅导员认为"我有良好表达能力和沟通技巧，与学生交流顺畅"、98.77%的辅导员认为"我能合理分配和安排各项工作任务"、72.31%的辅导员认为"工作中我总是有新创意和主动寻找新工作方法"、73.85%的辅导员认为"我有一定的工作规划，并且逐步落实"。这一方面是归结于辅导员招聘环节的严把关，在招聘环节就按照工作岗位要求进行了严格筛选，优中选优，不仅具备较高的政治素质，同时也具有较强的工作能力。另一方面，在入职之后，各高校高度重视在岗辅导员素质能力的有效提升，多措施不断建设一支专业化职业化的高校辅导员队伍，教育主管部门和高校已建立了"全方位、多层次的培训体系"。这在很大程度上促进了辅导员队伍专业化建设的水平，培养了一大批专家和骨干力量。

但是，另一方面，工作热情也随着工作年限的增长而逐渐降低。起初辅导员的招聘对象都是具有学生干部工作经历，刚开始担任辅导员工作的时候热情非常高涨，但是经过一定年限的工作，再加上学校缺乏较好的配套激励机制，或者是辅导员本身的繁重工作压力，辅导员的工作热情也会慢慢降低。随着对辅导员工作热情的降低以及工作岗位的倦怠，辅导员队伍就会出现转岗等现象，一般情况下，适当的社会岗位流动，对高校、辅导员队伍而言皆属合理。但如今专兼职辅导员队伍建设规模在不断扩大，兼职辅导员的流动性本身就较大，加上专职辅导员工作热情不高，在很多高校中辅导员工作满三年以上就算经验丰富了，多数辅导员工作两到三年就离职或转岗了。从上面的角度分析得知，工作热情不仅影响工作质量，而且会很大程度影响辅导员队伍的稳定性。

近些年，国家采取的一系列措施，不仅彰显了辅导员工作的专业性，也在一定程度上为辅导员"亮剑"，打造辅导员的职业画像，提高辅导员工作的认同感，这对提高整个辅导员队伍的职业能力水平和工作热情都有极大的帮助。"职业认同作为一个行业走向专业化和标准化链性结构中不可或缺的一环，其重要性不言而喻。"① 辅导员的职业认同感将决定辅导员职业发展的路径和职业生涯的效率。比如，辅导员攻读博士的学历学位提升计划，教育部人文社科课题中单设高校辅导员专项的研究，高校辅导员年度人物推选展示，辅导员素质能力大赛，高校辅导员中党的十九大代表，"时代楷模"，2019 年中宣部、教育部联合开展"最美高校辅导员"评选活动，2017 年，教育部举办"学习宣传贯彻党的十九大精神——千名高校优秀辅导员'校园巡讲'和'网络巡礼'活动"，组织高校辅导员年度人物赴 31 个省（区、市）开展示范巡讲，《人民日报》《光明日报》《中国教育报》等都做了全面报道。

四、辅导员角色定位明确，工作内容需进一步规范

在实际的辅导员工作日常中，大家常用"千根线，一根针""万金油""保姆"等词汇来描述辅导员的工作性质，这也说明了辅导员工作定位的应然和辅导员工作内容的实然存在一定的错位。这种错位出现的原因在于，在目前各高校中，辅导员的定位已经不仅仅是思想政治工作的引领者，而且承担了大量的行政工作，职责宽泛而不明确，因此，辅导员感受到事务性工作多、工作强度大，很多辅导员用"白加黑""5+2"来形容辅导员的工作模式，手机需要 24 小时待命。在这样的工作内容和工作强度下，辅导员的压力更多的是无形的压力，时刻担心有特殊情况发生的精神压力会模糊了工作时间和自由时间的界限，即使下班

---

① 范慧，范和生. 破解认同困境：社会工作职业化的演进与路径拓展［J］. 宁夏社会科学，2018（5）：126-132.

了也会承受这种压力。

这样高强度的工作节奏一方面让辅导员感受身心疲惫，很难有时间和精力去思考工作重点，或者说去筹划工作质量的提升，反而被多种事务性工作裹挟着往前推进，常年以往，辅导员感受不到工作的幸福感和自身的成就感，由此便会产生职业倦怠。尤其是新入职的辅导员，在刚入职后，面对大量琐碎的工作，刚开始工作热情比较高，高效地完成工作事务能体验到成就感和充实感，但是随着时间的推移，这种工作热情便会减弱，这主要是由于工作内容的繁杂性、工作性质的重复性、工作压力的持续性，这些都会不断地影响辅导员工作的积极性。另一方面，更为重要的是，工作定位和内容的错位会导致辅导员的失落和迷茫感，对自己的主责主业及工作衷心会产生动摇，工作认同感也会减弱。高强度的学生事务和学校事务的处理，这无形中会减少辅导员对学生在时间和精力方面的投入，而辅导员往往都是有较强的工作责任心，于是在被动的高强度的压力下，无法完成辅导员范围内的主责工作，因此，辅导员会产生愧疚感，饱受职业伦理的折磨。部分辅导员面临这样的处境，"这不是自己想要的工作方式和工作内容"，解决方式之一便是转岗，这也加快了辅导员队伍人员的流动。这种情况在下面一组调研中也可以看出。

调研过程中，面对"贵校辅导员转岗原因？（按照原因重要性进行选择）"这一题目，结果显示，除上述分析转岗的具体方向外，本研究还进一步探讨了转岗的具体原因，并列出了选项以供选择，由图1-16可知，辅导员工作的本身性质是造成其转岗的主要原因，得分高达4.57，其职务晋升机会小则次之，得分3.46，与此相应的，"待遇低及其待遇上升空间小""没有职业发展目标""职业能力得不到提升"所对应的问题紧随其后，相应得分为2.78、1.95与1.74，此外，部分辅导员还因其他原因选择转岗，需做进一步了解。

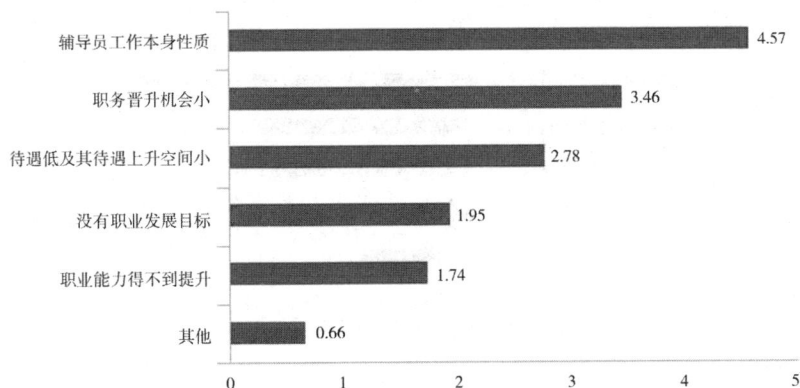

图 1-16　专职辅导员转岗原因得分图（条形图）

就目前所实行的双线晋升政策而言，本研究还进一步探讨了其中可能存在的问题，并列出了选项以供选择，由图 1-17 可知，辅导员工作性质本身造成时间和精力少与科研能力不足是现下双线晋升政策实行中所存在的较大的问题，亟待解决，相应得分高达 6.46 与 5.13，"职称评审名额有限""职业能力得不到提升，职务晋升机会小""资历尚浅与个人条件和工作能力达不到政策要求"次之，其相应得分较为接近，分别为 3.16、2.9 与 2.74，再次为"没有职业发展目标"与"存在不公平晋升现象"，相应得分为 1.61 与 0.94。

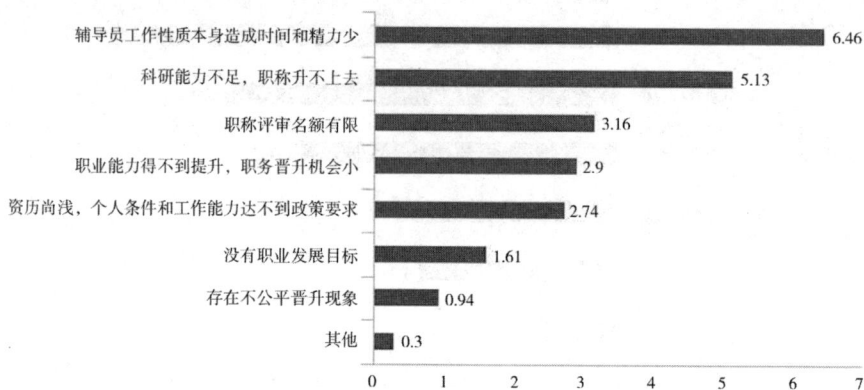

图 1-17 双线晋升发展个人短板统计(条形图)

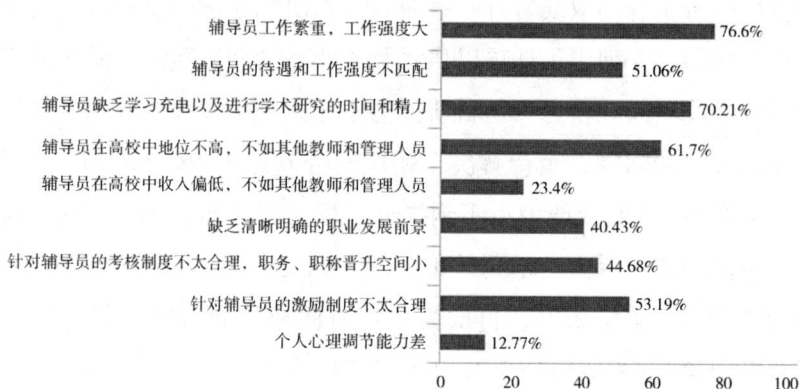

选项	数值
辅导员工作性质本身造成时间和精力少	6.46
科研能力不足,职称升不上去	5.13
职称评审名额有限	3.16
职业能力得不到提升,职务晋升机会小	2.9
资历尚浅,个人条件和工作能力达不到政策要求	2.74
没有职业发展目标	1.61
存在不公平晋升现象	0.94
其他	0.3

图 1-18 个人职业发展态度成因得分分布(条形图)

选项	百分比
辅导员工作繁重,工作强度大	76.6%
辅导员的待遇和工作强度不匹配	51.06%
辅导员缺乏学习充电以及进行学术研究的时间和精力	70.21%
辅导员在高校中地位不高,不如其他教师和管理人员	61.7%
辅导员在高校中收入偏低,不如其他教师和管理人员	23.4%
缺乏清晰明确的职业发展前景	40.43%
针对辅导员的考核制度不太合理,职务、职称晋升空间小	44.68%
针对辅导员的激励制度不太合理	53.19%
个人心理调节能力差	12.77%

　　为进一步探讨造成辅导员工作倦怠现象的原因,本研究陈列了上述选项以供选择,由图 1-18 可知,除收入问题与个人心理因素外,几乎其他所有选项占比均较大,在半数左右,其中,工作强度与相应的时间安排问题尤显突出,占比 70% 以上,次之的为辅导员地位问题,多数辅导员自我感觉较之教师而言,其在高校中地位不高,该选项占比超

60%，值得做相应改正，再次的辅导员工薪层面乃至晋升层面目前存在的相关问题，其相应得分大致在40%左右，占比最末的为个人的心理因素，其占比仅为12.77%。

五、薪酬待遇不断改善，薪酬满意度较低

"您的工资待遇近五年的变化幅度？"本研究将所抽取的新时代高校辅导员样本团队其近5年来薪资待遇的变化水平进行了分组，将其划分为5类，分别为薪资待遇变化在1000元以下、1000~2000元、2000~3000元、3000元以上以及其他，由图1-19可知，在受访人员中，薪资变动水平为上述五类的比例分别为20.21%、28.72%、21.28%、24.47%以及5.32%。

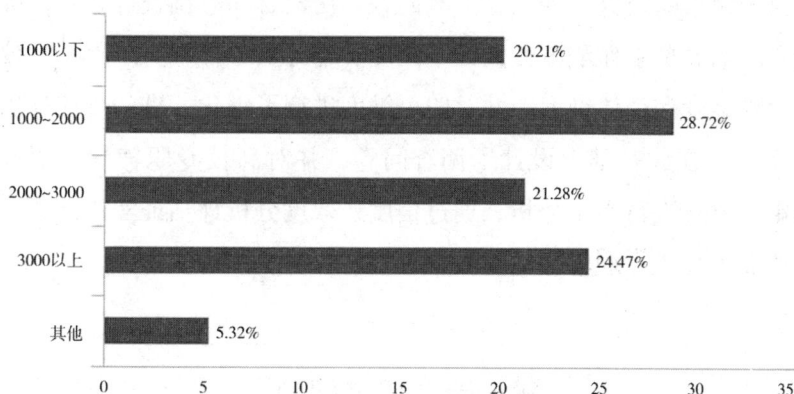

图1-19 薪资待遇起伏分布及相应频数（柱状图）

第二章

新时代高校专职辅导员职业动力现状研究方案设计

为深入了解高校专职辅导员工作积极性的现实状况和影响因素，挖掘其积极性的原因和内在需求，本章节基于国内外学者关于辅导员职业动力影响因素的研究，并结合文献回顾、访谈、问卷调查等方式，提出高校专职辅导员工作积极性的四个维度：辅导员工作本身维度、学校维度、学院维度和个体维度，并对四个维度进行了细化，进一步梳理出了19个因素。在此基础上设计了调查问卷，并对高校专职辅导员职业动力的影响要素进行因子分析，通过信度、效度分析评估证实了问卷的质量，从而为高校专职辅导员工作积极性的探寻提供现实依据。

第一节　研究问题

本研究以"高校辅导员职业动力"为关键词，并聚焦到"职业动力的激励机制的构建"，针对这两方面问题，从辅导员队伍的工作干劲的实际情况和现有研究文献看，辅导员职业动力或者工作积极性的影响因素非常复杂。辅导员职业动力受各方面因素影响，不仅与辅导员个人的个体特征有相关性（工作干劲、工作态度、工作能力等），还与辅导员所处环境密切相关（学院的学工团队、学校对辅导员的政策支持等）。与此同时，以上复杂的个体特征、环境要素的差异也会反过来影响辅导员工作的积极性和职业动力。基于现有研究进展和结论，本研究旨在探索高校专职辅导员职业动力和工作干劲的现状、影响因素等议题，并提出相应的对策建议。本研究聚焦的研究问题如下：

1. 高校专职辅导员工作干劲现状如何？

2. 高校专职辅导员工作干劲和职业动力存在哪些问题？

3. 高校专职辅导员职业动力的影响因素有哪些？

4. 各影响因素之间，辅导员工作本身、辅导员个体、学校、学院因素与辅导员工作积极性的相互影响关系、影响程度的大小和作用机制如何？

5. 根据上述分析和量化结果，分重点（根据人口变量学与工作积极性的多元回归分析，可得出不同性别、学历、年龄、婚姻状况、子女情况、职称、职级、职务、专业背景、工作年限的辅导员在工作积极性上的区别）、分层次（根据四个维度与工作积极性的多元回归分析，可以得出四个维度影响程度的大小及迫切性，在对策优化上四个维度各有侧重点）、分步骤的优化学校、学院各级政策和制度，为推动高校制定相关有效政策提升辅导员工作积极性。

第二节　调查问卷设计依据

调查问卷的设计是本研究的基础和前提，也是核心关键点，问卷设计的合理性直接决定结果的导向性和合理性。在问卷设置方面，主要通过以下步骤逐步完成：第一，通过文献研究以及结合研究者本人作为六年一线辅导的工作经历，梳理出了辅导员工作动力的影响因素，虽然梳理出来的影响因素相对全面，但影响因素很多，尽管部分影响名称不同，性质却雷同和重叠。第二，为了进一步聚焦和提炼辅导员职业动力的影响因素，在前期文献梳理提炼出的因素基础上，针对有不确定的因素，筛选了10名工作年限在五年以上的资深辅导员，进行一对一的初步小范围访谈，通过访谈进一步整合了问卷设计，以及问卷的表达方式等细节问题。第三，通过对专家进行访谈（辅导员队伍管理者的学工部部长、马克思主义学院思想政治教育专家等），通过以上人员的深度访谈，进一步提炼影响因素，提高问卷质量。第四，结合笔者工作经历，本人在一线专职从事辅导员六年，在六年的工作过程中，自身和身边同事都不同程度地存在职业动力不足和职业倦怠的情况，也深知这些问题的来源，从而更好地将自身的实际感受对上述提炼出来的因素进行进一步验证和校正。第五，在初步问卷形成的基数上，对10余位辅导员一对一发放了问卷，并及时跟踪填写结果，对其中的部分答案，及填写问卷的辅导员进行了访谈和追问，在此基础上进行了表述内容上的修订和完善。第六，在对当前的主要研究方法和测量工具进行研究与对比分析的基础上，明确了本研究将采用的研究方法和测量工具。在前人研究的基础上，最后经过预测和数据分析，编制出了《高校专职辅导员工作动力影响因素问卷》。

一、理论基础

围绕"高校辅导员职业动力、工作现状、激励机制"等主题，在中国知网上搜索了国内外相关学术论文，本研究将以往文献中涉及的辅导员工作积极性、辅导员工作满意度的影响要素进行了汇总，归纳出高校辅导员工作积极性的影响要素主要包含以下几种：学校大环境因素，如学校层次、薪资水平、职业发展空间、子女教育资源等福利待遇；学院中环境因素，如所在学院的整体氛围、学工团队的工作配合度、学院领导对学工队伍的重视程度等；个人因素，如职业志向、家庭情况、个人能力等决定的工作投入度；辅导员工作本身因素，每个工作都有不同的特点和性质，辅导员呈现出的内容的繁杂性、强度的压力性、时间的弥散性等因素，共同作用在辅导员身上，不同的辅导员会呈现出不同的应对措施和反映，在工作状态上也会呈现出积极地克服和消极地应对的区分。

二、访谈结果

文献研究的结果来自国内外关于高校辅导员积极性的研究，国外研究主要在组织行为学和人力资源管理学方面。高校辅导员研究起步较晚，相关论文主要是硕士论文和期刊论文。为了使本研究的结果更符合中国高等教育领域，确保调查工具的科学性和严谨性，本研究采用专家访谈与辅导员访谈相结合，运用专家评分法对初选出来的高校辅导员工作积极性的影响因素进行多次的确认与补充。

（一）访谈顺序

专家和教师访谈的主要程序是在形成的预测问卷雏形的基础上，邀请高校教师进行半结构式访谈：（1）形成预测问卷雏形。根据文献整理、笔者作为辅导员的经历，编制了初步问卷。（2）专家请教。针对本研究的主题和内容有针对性地选择专家 3 人。所咨询的专家都是副教授以上职称或博士生，分别是某 211 大学学工部部长 LF1 位、某 211 大学高校辅导员年度人物 YSP1 位、某 211 大学马克思主义学院教授 PQP1 位。（3）辅导员面谈。选取 10 位资深专职辅导员，在性别、学历、年龄、婚姻状况、子女情况、职称、职级、职务、专业背景、工作年限等方面做到了全盘考虑和全覆盖，确保这 10 位辅导员具有典型的代表性，针对问卷提出的意见建议也具有代表性，对问卷的提升具有实质性的推动作用。（4）归纳访谈记录并分析结果。在前期专家访谈、专职辅导员访谈、问卷预测的基础上，进一步对问卷中涉及的职业动力的影响因素进行确认和补充，全面调整问卷内容。通过对专职辅导员职业动力影响因素的预测问卷进行评价，以此来修正所预测问卷设计的维度和项目，列出专职辅导员职业动力的影响因素的初步筛选稿。

（二）访谈内容

访谈的内容主要包括以下几方面：

1. 作为一级指标的四个维度：专职辅导员职业动力影响因素的四个维度的设计是否合理，总体来讲，四个维度是否能全面体现和涵盖高校专职辅导员职业动力影响因素的情况。

2. 作为二级指标的 19 个因素：在一级指标，也就是四个维度下，每个维度又分为了不同数量的影响因素作为二级指标，用来从各方面证明一级指标。访谈侧重点在于看看各个指标是否能够反映出高校专职辅导员的职业动力现状以及影响因素。

3. 作为三级指标的 52 个问题：针对二级指标，下面设计了不同的问题来反映辅导员对于该指标的认同度。访谈的侧重点在于评判各个项目的表述是否有歧义、倾向性、含糊性或敏感性等问题，是否有利于受访者能够读懂问卷，精准有效地回答问题。根据访谈的内容，请高校辅导员、专家提出相应的修改建议，使高校专职辅导员工作积极性影响因素的预测问卷的设计更加精确化和客观化。

三、工作经验

课题主持人为专职辅导员，6 年来一直从事一线学生管理工作。在实际工作中，充分意识到辅导员工作内在积极性对辅导员工作实效、学院学生管理工作、学校育人成效有直接关联和重要作用，工作积极性高的辅导员对工作有更大的热忱，投入在工作上的精力和情感也较为充沛，工作绩效也高。而工作积极性低的辅导员对工作的热情较低，不愿深入开展工作，工作绩效颇低。从另一角度来讲，学生工作本身比较繁杂，很多事情都具有弹性，辅导员工作的繁杂性和弹性特点更需要辅导员的高度自觉和积极性，才能确保学生工作高质量完成，因为部分工作既可以做到 100 分的效果，也可以做到 50 分的效果，如深度辅导，工作投入度高的辅导员，会按照要求每学期对每个学生进行至少一次的一对一谈话，这需要大量的时间、精力和热情，但是也有部分工作积极性不高的辅导员不能完成任务，要么以班会形式、要么以宿舍为单位进行辅导，这样也算是每学期对每个学生进行了全覆盖，但是一对一辅导员和集体辅导员的效果肯定是天壤之别，对及早发现学生问题和了解学生的程度肯定也是不一样的。因此，辅导员工作积极性的高低会直接决定该辅导员工作完成的程度和质量、效果，如果每个辅导员都能高效积极地工作，将每件工作做到 100 分，那么整个辅导员队伍的工作成效就不言而喻。

同时，作为一线辅导员，也深知影响辅导员工作积极性的因素比较复杂，受到各方面因素的综合作用，不是通过单个方面的努力就能完成的。总的来说，结合辅导员工作实践，辅导员工作积极性主要是与学校、学院、辅导员工作和个人态度能力等方面息息相关。

第一，辅导员作为高校教师中的一员，学校的整体发展情况和学校层次、对教师的薪资待遇、对辅导员的政策导向等因素，是影响其工作积极性的宏观环境。

第二，学院作为对辅导员队伍的直接管理机构（高校辅导员在高校中受学校和学院的双重管理），辅导员平时的工作、生活、学习都是在学院进行，平时进行的工作也是在学院范围内开展的，因此，相比学校的大环境大政策，学院作为小环境，学院的工作氛围、整个学院的氛围，尤其是学院的学工办群体、副书记等因素更是直接决定和影响辅导员工作的幸福感和成就感。

　　第三，辅导员工作性质本身也是影响辅导员工作积极性的一个直接因素，辅导员每天的内容就是从事学生工作，每份工作都有自己的独特特点和性质，独特的特点和性质也就需要具有不同性格或者能力特点的人来担任，这样才能更好地完成工作。而学生工作最显著的特点就是繁杂性，从思想政治教育到走访宿舍等学生事务管理，同时在时间上也具有一定的"弥散性"，"24小时不停歇"是学生工作的工作状态，这样一份兼具压力和责任的工作对任何人来说，始终保持高度的积极性都会具有一定的挑战性和难度。

　　第四，辅导员个人维度的工作能力和工作态度等将是影响其工作积极性的关键因素。一方面，如果工作能力比较强，那在这份繁重的工作中便能游刃有余，工作的轻松性也更容易获得工作成就感和满意度，进一步来讲，这份工作成就感会更加强化辅导员对这份工作的认可和工作投入度。相反，个人能力不能胜任这份工作，在这样一份繁杂的工作中，个人将被工作节奏牵着走，不能做到运筹帷幄地去协调工作，长此以往，工作倦怠感就会产生，工作的积极性则会大大降低。另一方面，工作态度也会影响辅导员的工作投入，工作态度会决定辅导员对这份工作的定位，比如在实际工作中，有部分辅导员认为这只是一份工作，我们做好"兜底"，保证学生安全稳定就可以，但也有高度责任感的辅导员不仅为学生的安全考虑，更多的是为学生量身定制打造学业辅导、职业发展规划等，这两种截然相反的工作态度将直接决定高校思想政治工作的整体水平和育人实效性。综上所述，本研究将"高校专职辅导员的工作积极性"作为研究的自变量，将"学校维度""学院维度""学生工作性质""辅导员个人维度"四方面作为因变量，通过自变量和因变量之间关系的论证，力求证实四个影响因素对辅导员工作积极性的影响及程度，以期为进一步完善辅导员激励机制提供有针对性的建议和对策。

第三节 研究量表构成及变量解读

本研究通过参考国内外对相关问题研究的有效调查问卷模板，结合对相关文献的研究和专职辅导员的访谈设计了《新时代高校专职辅导员职业动力影响因素的调查问卷》。问卷回答采用主观感知的方法，受访者以匿名的形式对影响辅导员工作动力的工作维度、学校维度、学院维度、个人维度做出判断和评价，量表采用李克特计分法，设立"非常不符合""不符合""一般""符合""非常符合"选项，分值分别为1、2、3、4、5。调查问卷包括四个部分。

一、基本信息

第一部分为"基本信息"，分别为性别、学历、年龄、婚姻状况、子女情况、职称、职级、学科背景、工作年限、收入满意度、辅导员工作择业原因。上述基本信息不仅是作为受访者的基本信息要素来进行呈现的，还是后期会通过以上基本信息的不同和辅导员工作积极性进行匹配，来体现不同因素对辅导员工作积极性的影响，从而能够针对特殊群体制定不同的激励措施。比如，如果调查数据显示，工作年限的长短这一因素对辅导员工作状态有很大影响，那我们就要针对这一问题，看下工作年限长的人积极性高还是工作年限短的人的积极性高，或者甚至可以具体到工作到多长的年限会出现这种工作倦怠，并且对填写问卷的辅导员进行一对一访谈，从而总结出工作年限在这一时间维度的情况下是什么因素和原因影响了辅导员的工作积极性。因此，上述基本信息看似简单，但是都会在后续的研究内容和对策中作为非常重要的参考指标来提出针对性的对策和建议。基本信息的相关指标简单描述如下。

1. 性别、婚姻状况、子女情况

近年来，越来越多的学者开始关注高校女教师的职业现状与家庭之间的关系，重点聚焦于在同时作为母亲的重要角色和员工的职业身份的双重情况下，工作的强度和家庭任务的相互影响和作用的情况。虽然这一领域的研究均是聚焦于高校女教师，但辅导员也属于高校女教师，也是在高校的大环境中，也在同样的工作压力情境下，因此，高校女教师的工作和家庭的研究成果也适用于本研究。如有学者指出，"社会经济剧变的当下，高校女教师在教学科研领域面临更激烈的竞争，她们的工作家庭边界相互渗透已成为常态，由此引发的工作家庭矛盾冲突最终导致了工作质量的下降及家庭关系的紧张，进而影响身心健康"[1]。出现以上情况的原因在于，一方面，随着社会分工界限在性别上差别的逐渐缩小，在目前的工作状态下，男女性别在工作上地位和应发挥的作用的区别明显淡化。女性在工作上的地位相比之前没有弱化反而增强，与之相伴随的是，在家庭的地位和角色上，家庭的个体单元对女性在家庭中的作用的观念并没有发生显著变化，仍然保持着传统的状态。在上述两方面的相互作用下，这就会出现一个结果：女性在家庭中的作用和任务并没有减少，而在工作上对于量和质的要求同时增加了，因此，整个社会对女性的期待更高，女性的压力则更大，需要在工作与家庭领域频繁转换角色，由此带来女性的角色混乱与角色焦虑，引发工作家庭冲突，这无形中的压力和期待则会无形的挤压女性员工在工作时间和精力上的投入，工作质量也会随之受到影响。比如，职称评定作为高校生存的重要法则，男女性别在职称评定中则会出现很大不同。"由于女性自身以及家庭等原因的影响，从事科研活动以及专业发展的时间便会减少，最

---

① 李仁仁，彭扬. 高校女教师工作与家庭边界渗透的分析及对策［J］. 大学，2020（11）：132-134.

终不利于自身专业水平的提升。此外，在教师教职评定过程中，科研成果的产出占据重要份额，而部分青年女性教师很可能因处于育龄和哺乳期而难以完全投入，既影响其教职评定，也影响其专业水平发展。"①

　　除此之外，性别、婚姻状况、子女情况三个要素也可以统称为家庭支持系统，这一系统的"是否给力"也会成为辅导员工作投入度的重要影响因素，如已婚已育的辅导员同事之间每每聊天总会问起："谁给你们带孩子呢？"对于有老人帮忙的辅导员，大家会一致认为，"那还好！"这就意味着家庭压力和责任的困难会相对较小，从而会减少对工作的压力，反之，则会认为，因为家庭的压力，工作没有那么出色、没有成绩也是情有可原的。进一步讲，即使是有老人分担照顾家庭的工作，那么，"家人态度对青年女性教师的专业发展同样具有重要影响。若家人支持其发展，则会坚定其工作信念，助力其专业发展；反之，则可能阻碍其专业发展进程。在部分家庭内部，由于传统的家庭模式思想根深蒂固，不论是家庭长辈还是丈夫都倾向于女性应将重心放在家庭，较少支持其事业发展导致女性职业发展弱化，专业发展受到影响。"②

　　2. 学　历

　　目前，就高校辅导员队伍的整体"学历"情况来看，是呈"橄榄型"分布的，也就是说中间部分，也是辅导员队伍的绝大部分的学历为"硕士"，硕士学历的辅导员占整个队伍的重要组成部分。而"本科学历"和"博士学历"的辅导员则相对较少，一般来讲，接收"本科学历"辅导员的高校为地方的普通本科院校、高职院校等，近年来部分985和211招聘辅导员时则要求"博士研究生"。不同学历层次的辅

---

①　程扬. 社会性别视角下高校青年女性教师专业发展的影响因素及有效路径 [J]. 岭南师范学院学报，2022，43（1）：12-18.

②　潘红，钟惠萍，宋迎秋，等. 高校女性职业发展与家庭职责担当的关系探究 [J]. 劳动保障世界. 2018（36）：44，46.

导员在工作积极性上是否有明显的区别，抑或是出现这种区别的内在机理是什么，这些都是值得关注和研究的内容。

3. 年　龄

对辅导员个人来讲，不同年龄阶段，不管是外在的家庭、婚姻、生育状况等，还是内在的事业心、心态变更等，都会导致不同的辅导员对工作和事业的定位和投入度不一样，这都会在一定程度上影响辅导员工作的职业投入状况。

对整个辅导员队伍来讲，合理的年龄结构分布对于整个队伍的持续发展也会有积极影响，合理的年龄结构人员的分布在一定程度上也意味整个队伍能够合理流动，整个队伍的更新、职业发展也会正常运转。因此，整个队伍的年龄对辅导员的工作积极性也存在一定影响。不同年龄阶段的辅导员在工作积极性上是否有明显的区别，抑或是出现这种区别的内在机理是什么，这些都是值得关注和研究的内容。

4. 职称、职级

职称是指专职辅导员的教师和管理身份的落实，可以走"教师职称"系列的评聘，也就是双线晋升政策的落实，评聘结果一般为"助理研究员""副研究员""研究员"，有的高校也称为"讲师""副教授""教授"。

职级是指专职辅导员的管理身份的晋升，也就是"管理职级"系列的评聘，评聘结果一般为"副处""正处"等。

不同的职称、职级在身份和地位上意义也不同，这种地位的不同在工作责任感上是否会有区别、不同职称和职级的辅导员的工作态度和积极性是否有影响，以及怎样影响辅导员工作积极性，这些问题也是需在后续的调研工作中进一步挖掘。

5. 学科背景

目前，辅导员队伍的学科背景可以说是十分复杂，基本涉及了各个学科，一方面，这是因为在辅导员招聘的时候是二级院系进行招聘，且招聘的辅导员也是在二级院系工作，因此，相对来说，本院系的学生更了解学院的相关工作情况，院系也对自己的学生较为熟悉，因此，从便于后续工作开展的角度来讲，更倾向于招聘自己院系的学生。另一方面，也是基于辅导员工作内容和特点来决定的，辅导员的工作内容中有学业辅导等专业性比较强的部分，这就需要专业对口的辅导员来对学生进行辅导及活动策划等，只有专业对口的辅导员才能正常开展相关活动，因此，每个院系在组建辅导员队伍的时候，也会将辅导员队伍的学科背景结构作为重要考量因素。

虽然辅导员队伍学科背景多样化的形成是有合理原因的，但是这一现状在辅导员工作积极性方面也产生着不同的影响。究其原因，辅导员的工作涉及九方面，每位辅导员被分配的工作，并不一定是专业对口的工作，而是由学院的实际情况来确定的。比如，某位辅导员负责工作为学业辅导，而这位辅导员并非本专业，因此在开展工作时便很有难度，只能通过围绕学业活动进行经验交流会等外围服务工作提供支持和引导，但是对辅导员工作来说，会有部分学生真正存在学业困难，或者是职业规划模糊不清的现象，这就需要辅导员对学生进行一对一辅导，量身制订计划给予切实有效的指导建议和辅导策略。因此，学科背景在辅导员实际工作中也会对其工作的总体情况产生影响，那么怎么更好地弥补学科背景差异给辅导员工作带来的消极影响，这也是本研究的重点之一。

6. 工作年限

工作年限即工龄，是指在某一工作岗位上的工作年限。相关研究表明，工龄和工作积极性也存在密切相关性，我们职场中、生活中常说的"老油条"便是对工作年限时间长且工作积极性又不高的形象比喻，同样这一情况也适用于辅导员这一职业。在辅导员研究领域，"辅导员职业倦怠"也一直是一个热门研究领域，而这一研究领域的来源就基于辅导员工作年限的延长，伴随着对工作的熟悉以及工作成就感而产生工作热情消失，因此，工作年限也应作为辅导员工作动力的重要因素。一般来说，随着工作年限的增加，对此项工作的新鲜感逐渐减少，或者说对工作的熟悉度的增强，这些在一定程度上都会影响工作的能动性。对辅导员这份工作来讲，工作内容在一定特点上具有重复性的特点，如每年新生入学教育、开学典礼、毕业手续等，每年都会重复做同样的工作，久而久之则会对此项工作失去新鲜感，尤其是在此项工作的过程中无法实现个人成长和能力的提高，因此，随着工龄的增加，对工作的态度和投入也会变动。2011 年，华东理工大学心理咨询中心公布了一份《高校辅导员职业倦怠状况的调查研究》，其中显示：随着年龄的增长，高校辅导员职业倦怠感日益严重。这是因为辅导员工作的性质比较琐碎、繁多，年轻辅导员刚参加工作时有较强的工作热情，积极性高。但长期处在这一工作状态中，容易对工作产生倦怠心理。这一现象在工作 3 年以上的高校辅导员中越发明显，其中女性辅导员高于男性辅导员。

7. 收入满意度

利益是人类一切活动的出发点，满足利益的欲望是行动产生的条件和动因。"天下熙熙皆为利来，天下攘攘皆为利往"，这里就表明了利益是人类一切行动的根本和目的，利益是支配人类活动的根本原则。对个人来说，利益是其行动的根本源泉和动力，"天下没有永恒的朋友，只有永恒的利益"，也在一定程度上反映了利益对个人行动来说的决定作用。因此，当一个组织能满足其成员的利益需求，又能为其成员提供好处的时候，作为个体的成员才会对集体产生认同感。这种认同感也许出于自愿主动地参与到集体行动中，也有可能为了获得利益而只是在行动上参与集体行动。那同样，辅导员队伍对学校目前的薪酬待遇的满意度也直接决定了工作的动力和积极性。尤其是辅导员工作性质的繁杂性、工作时长的弥散性，这些都使得辅导员工作呈现出"高强度"的特点，在这样的高强度工作情况下，辅导员的收入和付出是否成正比，辅导员对当前的收入是否满意，这些问题都会体现在辅导员的工作状态上。

二、因变量

本研究的因变量是高校专职辅导员工作积极性。对于因变量的问卷设计通过以下两方面来呈现。第一，辅导员工作状态的总体评价，分为5个档次；很积极，享受工作过程；比较积极，能够做好工作；一般，有职业倦怠感；不太积极，工作量大、难题多；不积极，难以提起工作兴趣。第二，工作状态的度量变量，通过设置选项来呈现辅导员对自己目前工作积极性的评价，用以刻画辅导员目前的工作积极性程度和表现，分别为职业情感、职业行为、职业成就三个指标，同时三个指标下面设置14个问题来进一步反映辅导员在职业情感、职业行为、职业成就三方面的情况。

表 2-1 工作状态的度量变量

职业情感	A1 辅导员工作让我感到很烦躁，缺乏工作热情
	A2 我离开辅导员岗位的意愿较为强烈
	A3 思想消极，我对本职工作有冷漠、厌烦情绪
	A4 我认为辅导员工作烦琐，枯燥，机械重复
工作表现	A5 我有一定的工作规划，并且逐步落实
	A6 工作中我总是有新创意和主动寻找新工作方法
	A7 针对工作困难，我认真负责，主动解决挑战和问题
	A8 对工作有排斥心理，不愿意投入时间和精力
	A9 工作消极懈怠、敷衍了事，不求有功，但求无过
	A10 我并不真正关心学生身上发生的事情，缺乏与学生接触的主动性

续表

职业情感	A1 辅导员工作让我感到很烦躁，缺乏工作热情
	A2 我离开辅导员岗位的意愿较为强烈
	A3 思想消极，我对本职工作有冷漠、厌烦情绪
	A4 我认为辅导员工作烦琐，枯燥，机械重复
工作成就感	A11 我疑惑自己所做的工作是否有意义
	A12 我能有效地完成各项任务，但业绩却不明显
	A13 在完成工作时，我会感到很愉快
	A14 我越来越不关心外界对我的评价和工作是否有意义

三、自变量

结合已有文献的梳理和前期田野调查，本研究将高校专职辅导员工作积极性影响因素的核心解释变量界定为四个维度 19 大因素：辅导员工作本身维度（工作强度、工作定位、工作价值、工作前景、工作成就）、学校维度（身份地位、薪资水平、职业发展、能力培训、考评嘉奖、其他福利）、学院维度（学工团队氛围、领导的能力、学院重视程度、个人成长、学院氛围）和个体维度（工作胜任力、态度动机、工作家庭平衡）。这 19 个影响因素构成要素产生影响，是本研究将高校专职辅导员工作积极性影响因素经过一系列程序处理后，最终形成的影响因素的初始测量条款。具体测量方式见附录。

（一）辅导员工作维度

表 2-2　辅导员工作维度

工作强度	B1 白加黑、5+2、24 小时开机是我的工作常态
	B2 既做教育工作，又做管理工作，我感觉分身乏术
	B3 上面千条线，下面一根针，与学生相关的工作最终落到我身上
	B4 日常工作中扮演的角色过多，我感到压力很大
工作定位	B5 事务管理工作烦琐，价值引领工作难以落实
	B6 我清晰地认知辅导员的职业角色
工作价值	B7 辅导员工作能实现我的人生价值和职业理想
	B8 辅导员对高校的学生教育有重大作用和意义
工作前景	B9 辅导员工作有良好的前景
	B10 这份工作较为稳定
	B11 辅导员工作是一项专业性很强的工作
工作成就	B12 我可以看到努力工作的成果
	B13 我的工作常常能够得到上级、同事的肯定
	B14 辅导员的工作让我很有成就感
	B15 工作让我有比较强烈的归属感

（二）学校维度

表 2-3　学校维度

身份地位	C1 虽然辅导员工作很重要，但我觉得地位并不高
	C2 我和科研老师地位相当
薪资水平	C3 我认为辅导员的工资水平与工作强度成正比
	C4 学校会根据工作实际表现和年限确定相应行政级别，并享受同等待遇
职业发展	C5 辅导员有晋升通道，但晋升要求高，比例低
	C6 辅导员在职攻读博士可以脱产半年以上或提供学费资助

续表

能力培训	C7 学校每年都为辅导员参加各类培训提供机会和资金支持
	C8 学校举办的辅导员业务培训效果很好
	C9 学校经常举办学生工作沙龙或内部经验交流学习活动
考评嘉奖	C10 十佳辅导员、弘德辅导员等对我很有激励作用
	C11 十佳辅导员、弘德辅导员的评选结果能完全反映辅导员实际工作表现
	C12 我对辅导员职称评审运行状况非常满意
其他福利	C14 我对学校的其他福利感到满意（如子女教育等）
	C13 贵院实现了师生 1∶200 的配比

（三）学院维度

表 2-4　学院维度

学工团队氛围	D1 我所在学院的辅导员团队关系良好，团结互助
	D2 团队成员之间的分工合理，工作量大致相当
	D3 工作遇到困难时，会寻求团队成员帮助并能得到解决
	D4 面对重大或复杂任务时，团队成员会分工协作
	D5 我会主动和领导就工作难题进行沟通，积极解决
领导的能力	D6 领导的能力强，得到团队成员认可
	D7 领导会主动关心我的生活和工作困难
学院重视程度	D8 学院领导班子重视辅导员队伍建设
	D9 学生工作在学院显示度高
	D10 基于我的技能和经验，学院认为我对学院很重要
	D11 工作强度能在学院年终奖有所体现
学习成长	D12 辅导员会集体申报相关课题或发表文章
	D13 在学院工作过程中个人能得到进步
学院氛围	D14 学院生态氛围好，工作有干劲

（四）个人维度

表 2-5　个人维度

工作胜任力	E1 我有良好的政治素质和较高的理论素养
	E2 我有良好的专业背景知识
	E3 我觉得个人能力完全胜任工作
	E4 凭我的技能与经验，我有很多工作机会可以选择
	E5 我有良好表达能力和沟通技巧，与学生交流顺畅
	E6 我能合理分配和安排各项工作任务
态度动机	E7 我对辅导员工作有较强的工作兴趣
	E8 如果有机会重新选择工作岗位，我还会选择当辅导员
	E9 我很自豪我是一名高校辅导员
工作家庭平衡	E10 家庭的烦恼使我工作时常常心不在焉
	E11 家庭的支持能使我更全身心地投入工作

在正式发放问卷之前，本研究先进行了小范围的问卷测试，小规模辅导员访谈。其目的在于检验问卷题项表述的准确性和易懂性，对其中存在的问题题项进行适当修订，同时对所得数据进行简单的信度和效度分析，确定问卷具有良好的信度和效度。小范围测试之后确定正式的问卷，通过相关网络问卷平台发放问卷，邀请辅导员填写问卷。网络平台填写问卷有利于保护调研对象的隐私安全，也便于远距离和广范围的样本获得，从而有利于降低样本自填同源数据所造成的偏差，提高效度。

第四节　问卷的信度和效度分析

问卷的信度和效度分析旨在确定调查问卷可不可靠、有没有效。一般来讲，调查问卷通常采用量表题和非量表题，调查问卷如果有量表题，就需要先进行信度分析和效度分析，非量表题不用进行信度分析和效度分析。

信度分析（Reliability Analysis）在于研究数据是否真实可靠，又称"可靠性分析"，通俗地讲，研究样本是否真实回答问题，测试受访者是否好好答题，具体来说就是用问卷对调研对象进行重复测量时，所得结果的一致性程度。效度分析（Validity Analysis）在于研究题项是否有效的表达研究变量或者维度的概念信息，通俗地讲，研究题项设计是否合适，即测试调查者是否科学设计问题，或者题项表示某个变量是否合适。以下是对《新时代高校辅导员职业动力影响因素的调查问卷》的信度和效度分析：

表 2-6　信度和效度检验（N=75）

变量	α 系数	CR	AVE	KMO
工作积极性	0.903	0.924	0.581	0.844
工作因素	0.889	0.907	0.530	0.829
学校维度	0.784	0.803	0.508	0.685
学院维度	0.908	0.936	0.533	0.847
个人维度	0.807	0.867	0.574	0.772

信度检验结果如表 2-6 所示，各变量的 Cronbach's α 系数及 CR 值均高于 0.7，表明量表信度较好，问卷比较科学合理可靠，可用于该研究；且各项校正项总计相关性（CITC）均高于 0.3，说明文件的各分析项之间具有良好的相关关系，同时也说明信度水平良好。

效度方面，问卷的各变量的 KMO 值均大于 0.6，研究数据非常适合提取信息（从侧面反应出效度很好）；各项共同度（公因子方差）均高于0.4，说明研究项信息可以被有效提取。采用平均变异数提取量（AVE）和组合信度（CR）来测量变量的聚合效度，各潜变量（AVE）值的平方根均大于0.5，CR值均大于0.8，表明量表的聚合效度较好。

第五节　问卷计分方法

本研究采用李克特计分法，即五点计分法，回答选项依照被调查者认可程度的不同区分为"非常认可"（5分）、"比较认可"（4分）、"说不好"（3分）、"比较不认可"（2分）、"非常不认可"（1分）五个等级，并分别给予1到5分值。量表中所有的题项均采用正向计分，分数越高，代表其工作满意度越高；反之亦然。

李克特量表（Likert scale）是属评分加总式量表最常用的一种，属同一构念的这些项目是用加总方式来计分，单独或个别项目是无意义的。它是由美国社会心理学家李克特于1932年在原有的总加量表基础上改进而成的。该量表由一组陈述组成，每一陈述有"非常同意""同意""不一定""不同意""非常不同意"五个选项，分别计分为5分、4分、3分、2分、1分，每个被调查者的态度总分就是他对各道题的回答所得分数的加总，这一总分可说明他的态度强弱或他在这一量表上的不同状态。该量表在做实证研究过程中使用范围比其他量表要广，可以用来测量其他一些量表所不能测量的某些多维度的复杂概念或态度。

第六节 数据分析方法与工具

本研究采用常用的数据处理软件 EXCEL、SPSS 和 Amos 进行数据统计与分析，主要分析内容包括描述性统计分析、多元回归分析、探索性因子分析、验证性因子分析、信度分析、相关分析等。

一、描述性统计分析

本研究中，描述性统计分析主要是用来直接呈现问卷数据结果，侧重于单个问题或者指标的调查数据体现的趋势或者结果，用来直观反映某个问题或者指标的现状。描述性统计分析在本研究中有两处体现：第一，描述样本数据中性别、工作年限、学历、职称、学校类别等人口统计变量，使用 SPSS 对这些变量进行简单描述统计，得出各变量的频次、分布情况等。第二，针对《新时代高校专职辅导员职业动力影响因素的调查问卷》中影响因素的四维度（辅导员工作本身、辅导员个人、学院和学校）等各问题的数据体现情况，根据数据看出调查对象对该问题的认可现状，并通过变量计算其均值及标准差，以了解变量的数据分布情况。

二、多元回归分析

多元回归分析是指两个或两个以上自变量对一个因变量的数量变化关系。多元回归分析是研究多个变量之间关系的回归分析方法，指分析因变量和自变量之间关系，按因变量和自变量的数量对应关系可划分为一个因变量对多个自变量的回归分析（简称为"一对多"回归分析）

及多个因变量对多个自变量的回归分析（简称为"多对多"回归分析），按回归模型类型可划分为线性回归分析和非线性回归分析。

与描述性统计分析相比，描述性统计分析侧重于"每个指标"的"现状"的呈现，而多元回归分析是对"指标之间"的"关系"的论证，作用各不相同，前者可以让研究者看到被调查对象对于事实情况的态度和认可度，而后者能体现被调查对象对于事实情况的态度和认可度的原因和缘由。以学校维度的身份地位、薪资福利、职业发展、能力培训、考评嘉奖五个因素为例，通过调查数据的统计和分析得到，描述统计分析呈现的是辅导员对学校的能力培训、职业发展、考评嘉奖、身份地位和薪资水平各个指标的满意度，数据显示对学校的能力培训、职业发展、考评嘉奖非常高，而对身份地位和薪资水平的满意度比较低。

比较而言，通过多元线性回归分析检验，也就是通过以上指标的关系对比，通过建模等分析，实际上只有身份地位、职业发展的满足能进一步激发辅导员工作的内在动力，而其他因素的优化仅能消除辅导员的"不满意"，但无法带来工作的真正动力。通过以上描述性统计分析和多元线性回归分析检验得知，高校下一步的工作重点举措在于提高辅导员的身份地位和拓宽职业发展路径，同时进一步提高辅导员对薪资福利、能力培训、考评嘉奖的满意度。

三、探索性因子分析

探索性因子分析是指在变量信息群中提炼出其具有共性因子层面的一种统计方法，通过几个少数因子来描述多指标之间的联系，以较少的因子反应大部分信息。本研究采用主成分分析法来探索相关量表的因子结构，本研究以综合特征值大于 1 和方差百分比决定法来提炼因子范畴。

四、验证性因子分析

验证性因子分析是与探索性因子分析相对应的分析方法，主要目的是通过结构方程等检测工具来检测探索提炼的因子范畴与其相对应的测量题项的对应联系与符合研究设计的理论逻辑关系是否符合，用以确认因子和题项的科学性。

五、信度分析

信度分析主要目的在于检验变量的量表内部题项之间相符程度及两次度量的结果是否具有一致性，同时验证量表在测量研究者要研究的变量时是否具有稳定性。根据以往研究，信度检验指标广泛采用克隆巴赫系数（Cronbach's Alpha），该系数值越大，表示该量表测量的变量内部一致性程度越高，测量标准误差越小。因此，采用 Cronbach's α 值对知识技能、个人特质、态度动机、职业认同、职业成功和工作家庭平衡量表进行内部一致性信度分析。

六、相关分析

为准确描述变量之间的线性相关程度，有必要进行相关分析，即通过计算相关系数来衡量变量之间相关程度强弱。本研究采用皮尔森（Pearson）相关系数来分析所有自变量与因变量的相关性。

第三章

新时代高校专职辅导员职业动力影响因素的实证分析

本章主要对数据调研和访谈结果对高校专职辅导员职业动力的影响因素进行分析，主要分为辅导员职业动力总体状况、人口变量学（基本信息）呈现出的不同职业动力特征、辅导员工作性质的各因素、学校维度的各因素、学院维度的各因素、个人维度的各因素对辅导员工作积极的实际影响程度和区别六大模块。在上述六大模块中，每一模块均从描述统计分析、多元回归分析、研究结论三个角度来呈现各维度因素对辅导员工作积极性的影响。描述性统计是直观定量反映每个题目样本的分布情况，多元回归分析是将每一个维度下的几个因素进行综合考虑，通过建立模型来论证各因素对辅导员工作积极性的影响。

第一节 样本选择及特征描述性统计

虽然全国高校的辅导员工作性质相似度很高，也同样享受国家相关政策，但是各高校的小环境还是有差异的，这些差异也会体现在辅导员工作积极性的表现上。例如，高校的层次不一样，在辅导员双线晋升政策等落实的力度不一样，这就会直接影响本校辅导员对职业发展前景的看法，而前景的乐观或者悲观也会体现在辅导员工作状态中。为了更好地揭示各影响因素对辅导员工作积极性的影响，本研究拟选取一所高校作为一个独立的研究对象，通过对此高校辅导员队伍的深度剖析来分析辅导员职业动力的影响因素。值得强调的一点是，虽然本研究局限于选定的高校，结果也是对此高校具有针对性的指导意义，但是在研究过程中制定的《新时代高校辅导员职业动力影响因素的问卷》，这个量表是针对所有高校的，此量表具有可借鉴、可推广、可复制的作用，其他高校如计划考察该校辅导员职业动力现状和影响因素都可以用此量表，当然，不同高校通过量表展示出来的数据和实际情况也会有所不同，由此各高校可根据本校的调研情况和结果来制定有针对性的政策和建议。

本研究选取北京师范大学在岗在编的专职辅导员为研究样本进行问卷调查，截止到 2022 年 6 月，全校共 93 位专职辅导员。其范围包括党委学生工作部人员（含部长、副部长等全体专职辅导员）、各院系副书记、专职辅导员，其中不包括各院系双肩挑辅导员、兼职辅导员和学生事务助理。需要强调的是，这里之所以不包含上述人员的原因已经在本研究的导言部分的"研究对象的界定"中进行了详细说明和阐释，这里不再赘述。

全校共 93 位专职辅导员，面向专职辅导员共发放问卷 75 份，收回75 份，问卷回收率 100%，有效问卷 75 份，问卷调查人数占全校专职辅导员总人数的 81%，回收问卷的数量和质量均可反映全校辅导员的总况，结果具有合理性和可借鉴性。

一、个人层面的样本情况

在调研的 75 名辅导员中，在性别上，男性和女性辅导员分别为 16和 59 人，占比分别为 21.33% 和 78.67%；在学历上，涵盖了本科、硕士和博士三个类别，本硕博的辅导员人数分别为 4 人、29 人、42 人，占比分别为 5.33%、38.67%、56.00%；在年龄上，根据年龄段与辅导员工作影响度的大致规律，将年龄分为了 30 岁以下、31～35 岁、36～40 岁、40 岁以上 4 个年龄区间，每个区间的人数分别为 11 人、39 人、18 人、7 人，而占比分别为 14.67%、52.00%、24.00%、9.33%；婚姻状况方面，整个辅导员队伍中，有 58 人为已婚，占比为 77.33%，17 人为未婚，占比为 22.67%；就子女情况而言，整个辅导员队伍大部分已有子女，有 1 个子女和 2 个子女的分别为 38.67%、22.67%，总占比达 61.34%，还未有子女的有 29 人，占比 38.67%；就学科背景专业而言，绝大部分为文科专业，占比高达 82.66%，其中，学生工作相关专业为 25 人，占比 33.33%，文科其他专业有 37 人，占比 49.33%，相比之下，理工科其他仅为 13 人，占比 17.33%。

具体信息可参考下表：

表 3-1　个人层面样本的基本特征（N=75）

特征	类型	人数	占比
性别	男	16	21.33%
	女	59	78.67%
学历	本科	4	5.33%
	硕士	29	38.67%
	博士	42	56.00%
年龄	30 岁以下	11	14.67%
	31～35 岁	39	52.00%
	36～40 岁	18	24.00%
	40 岁以上	7	9.33%
婚姻状况	已婚	58	77.33%
	未婚	17	22.67%

续表

特征	类型	人数	占比
子女情况	1 个子女	29	38.67%
	2 个子女	17	22.66%
	无子女	29	38.67%
专业	学生工作相关专业	25	33.33%
	文科其他	37	49.33%
	理工科其他	13	17.34%

二、组织层面的样本情况

在本次共 75 名组织层面样本的调查中，我们对以下五方面的特征进行了统计和分析：职称、职级、职务、担任辅导员时间和收入满意度。在职称方面，受访者中助理研究员人数最多，共 50 人，占比 66.67%；实习研究员有 2 人，占 2.67%；副研究员 12 人，占 16.00%；研究员 1 人，占比 1.33%；无职称者 10 人，占比 13.33%。在职级上，无职级的人数最多，共 37 人，占比 49.33%；副科级有 3 人，占比 4.00%；正科级 17 人，占比 22.67%；副处级 17 人，占比 22.67%；正处级 1 人，占比 1.33%。职务方面，辅导员占比最大 61.33%，共 46 人；副书记 17 人，占比 22.67%；学工部员工 12 人，占比 16.00%。在担任辅导员年限上，3~6 年的人数最多，共 26 人，占比 34.67%；1~3 年的人数为 22 人，占比 29.33%；6~9 年的人数为 13 人，占比 17.33%；10 年以上的人数为 14 人，占比 18.67%。关于收入满意度，53.33%的受访者表示一般（40 人）；不满意和非常不满意的人数分别为 16 人（占比 21.33%）和 7 人（占比 9.33%）；比较满意的人数为 11 人，占 14.67%；非常满意的人仅有 1 人，占 1.33%。

具体信息可参考下表：

表3-2　组织层面样本的基本特征（N=75）

特征	类型	人数	占比
职称	实习研究员	2	2.67%
	助理研究员	50	66.67%
	副研究员	12	16.00%
	研究员	1	1.33%
	无	10	13.33%
职级	副科	3	4.00%
	正科	17	22.67%
	副处	17	22.67%
	正处	1	1.33%
	无	37	49.33%
职务	副书记	17	22.67%
	辅导员	46	61.33%
	学工部员工	12	16.00%
担任辅导员年限	1~3年（含1年）	22	29.33%
	3~6年（含3年）	26	34.67%
	6~9年（含6年）	13	17.33%
	10年以上（含10年）	14	18.67%
收入满意度	非常不满意	7	9.33%
	不满意	16	21.33%
	一般	40	53.33%
	比较满意	11	14.68%
	非常满意	1	1.33%

第二节 辅导员职业动力的描述统计及回归分析

辅导员工作积极性为因变量，是侧重于体现辅导员的目前工作状态，针对这一部分共设计了两个问题：一是"您目前的工作状态"，这一题作为辅导员从总体上评估自身目前的工作积极性，分为以下 5 个档位：很积极，享受工作过程；比较积极，能够做好工作；一般，有职业倦怠感；不太积极，工作量大、难题多；不积极，难以提起工作兴趣。二是"目前工作状态的影响因素"，用来具体证明哪些因素和原因导致出现了目前的工作状态，以及这些因素的影响程度。具体来说，结合辅导员工作实际情况，设置了职业情感、工作表现、工作成就感共 3 个指标 14 个问题来呈现。描述性统计分析侧重于体现受访辅导员队伍目前的工作状态，如职业情感是否强烈、工作表现是否积极、是否有较强工作成就感。

一、描述统计分析

为了更全面的展示辅导员工作积极性的现状，对此部分的描述统计分析通过直观的数据、箱型图和描述统计分析三个类别来呈现。直观数据就是用百分比数据直观、简单地呈现辅导员在 14 个问题上的态度。

（一）直观数据

辅导员工作积极性作为因变量，由职业情感、工作表现、工作成就感共 3 个指标 14 个问题来体现，通过以上指标数据来呈现目前辅导员队伍的工作积极性状态。具体数据结果如表 3-3。

表3-3 辅导员工作积极性现状

	题目/选项	非常不符合	比较不符合	不确定	比较符合	非常符合
职业情感	A1 辅导员工作让我感到很烦躁，缺乏工作热情	27（36.00%）	21（28.00%）	16（21.33%）	6（8.00%）	5（6.67%）
	A2 我离开辅导员岗位的意愿较为强烈	22（29.33%）	25（33.33%）	12（16.00%）	9（12.00%）	7（9.33%）
	A3 思想消极，我对本职工作有冷漠、厌烦情绪	35（46.67%）	26（34.67%）	6（8.00%）	4（5.33%）	4（5.33%）
	A4 我认为辅导员工作烦琐，枯燥，机械重复	23（30.67%）	20（26.67%）	15（20.00%）	10（13.33%）	7（9.33%）
工作表现	A5 我有一定的工作规划，并且逐步落实	2（2.67%）	6（8.00%）	15（20.00%）	36（48.00%）	16（21.33%）
	A6 工作中我总是有新创意和主动寻找新工作方法	1（1.33%）	9（12.00%）	12（16.00%）	39（52.00%）	14（18.67%）
	A7 针对工作困难，我认真负责，主动解决挑战和问题	2（2.67%）	4（5.33%）	7（9.33%）	40（53.33%）	22（29.33%）
	A8 对工作有排斥心理，不愿意投入时间和精力	27（36.00%）	31（41.33%）	7（9.33%）	6（8.00%）	4（5.33%）
	A9 工作消极懈怠、敷衍了事，不求有功，但求无过	37（49.33%）	29（38.67%）	3（4.00%）	4（5.33%）	2（2.67%）
	A10 我并不真正关心学生身上发生的事情，缺乏与学生接触的主动性	45（60.00%）	21（28.00%）	4（5.33%）	5（6.67%）	0（0%）

	题目/选项	非常不符合	比较不符合	不确定	比较符合	非常符合
工作成就感	A11 我疑惑自己所做的工作是否有意义	34（45.33%）	19（25.33%）	8（10.67%）	10（13.33%）	4（5.33%）
	A12 我能有效地完成各项任务，但业绩却不明显	14（18.67%）	17（22.67%）	19（25.33%）	20（26.67%）	5（6.67%）
	A13 在完成工作时，我会感到很愉快	2（2.67%）	2（2.67%）	13（17.33%）	31（41.33%）	27（36.00%）
	A14 我越来越不关心外界对我的评价和工作是否有意义	13（17.33%）	18（24.00%）	22（29.33%）	17（22.67%）	5（6.67%）
	小　计	284（27.05%）	248（23.62%）	159（15.14%）	237（22.57%）	122（11.62%）

（二）箱型图

本研究对 75 名辅导员工作积极性所有题项的平均数和标准差进行了统计，"工作积极性"的整体水平及各题项描述性分析的结果如表 3-1 所示，得分分布如图 3-1 所示。箱型图显示，接受调查的 75 名辅导员总体工作积极性及其三个维度得分的中位数趋近于 4，职业情感得分的上四分位数点最大，工作成就感的下四分位数点最小。

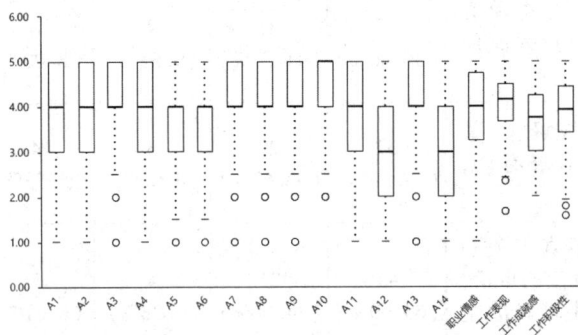

图 3-1　工作积极性各题项及整体水平箱型图

（三）描述性统计分析

表3－4数据显示，接受调查的辅导员总体工作积极性均值为3.831，说明辅导员队伍的整体工作状态积极向上。就14个题项来说，分值从3.2到4.413进行波动，其中得分最高为A10"我真正关心学生身上发生的事情，缺乏与学生接触的主动性"，说明辅导员队伍整体比较关心学生，对学生高度负责。得分最低是A12"我能有效地完成各项任务，业绩明显"，结合这一选项的得分情况和后续对于辅导员队伍的访谈情况来看，这一结果表明辅导员均对自己的工作能力非常自信，表示"高效地完成了辅导员的各项工作，但是，与工作完成度形成鲜明对比的是，工作成果不能很好地被量化，工作业绩不明显"。受访辅导员也表示："尽职尽责的完成每件事，工作节奏高度紧张，但是一天下来，或者一年高强度工作下来，再回顾工作时，感觉又不知道在忙什么，工作呈现出繁杂的事务性工作，工作的成效很难被量化。"

表3-4 工作积极性的描述性统计分析结果

	名称	样本量	平均值	标准差	中位数
职业情感	A1	75	3.787	1.211	4
	A2	75	3.613	1.283	4
	A3	75	4.12	1.115	4
	A4	75	3.56	1.307	4
工作表现	A5	75	3.773	0.967	4
	A6	75	3.747	0.946	4
	A7	75	4.013	0.923	4
	A8	75	3.947	1.126	4
	A9	75	4.267	0.963	4
	A10	75	4.413	0.871	5

续表

名称		样本量	平均值	标准差	中位数
工作成就感	A11	75	3.92	1.26	4
	A12	75	3.2	1.219	3
	A13	75	4.053	0.943	4
	A14	75	3.227	1.181	3
	职业情感	75	3.770	1.087	4
	工作表现	75	4.027	0.669	4
	工作成就感	75	3.600	0.811	3.75
	工作积极性	75	3.831	0.735	3.929

二、研究结论

(一) 辅导员队伍总体工作积极向上，部分辅导员出现职业倦怠

在"您目前的工作状态"这一题目中，问卷结果显示，75 名辅导员中选择"比较积极，能做好工作"的占56%，"很积极"占2%，"不太积极"占5%，"一般，有职业倦怠感"占13%，"不太积极"占4%。这说明辅导员队伍来说，整体上是工作积极向上的，但是，也确实存在部分辅导员职业倦怠的情况。即使是存在职业倦怠的情况，但是绝大部分辅导员依然坚持坚守辅导员岗位，如"A2 我离开辅导员岗位的意愿较为强烈"这一选项选择"比较符合"的有 8 人，占比 12.31%，选择"非常符合"的有 5 人，占比 7.69%。同时在工作中，也有高质量完成工作的，如"A6 工作中我总是有新创意和主动寻找新工作方法"这一选项选择"比较符合"的占比 50.77%，选择"非常符合"的占比 21.54%；"A7 针对工作困难，我认真负责，主动解决挑战和问题"这一选项选择"比较符合"的占比 58.46%，选择"非常符

合"的占比 26.15%。

访谈过程中，1位工作3年以上的辅导员表示："就目前每天的工作完成度来说，我还是会高质量地完成工作的要求和任务，毕竟工作还是要认真对待。但是从内心来讲，已经对辅导员工作产生了一定的倦怠，一方面是因为辅导员的事务性工作每年的内容和时间节点都差不多，干过 1~2 年之后，对各项工作就相对熟练了，后续每年再重复历年工作就有点疲倦；另一方面，辅导员的工作繁重的性质和辅导员作为管理岗的发展空间的限制等原因，也会产生对辅导员工作岗位的动摇，因此，在心理上就会表现出一定的消极性，但是在实际工作中还是会积极负责、完成工作。"这种现象在辅导员队伍中具有很强的代表性，尤其是工作年限越长且一直在工作一线的辅导员，这种工作状态和心理越强烈，因此，需要详细分析出现这种情况的原因，并多举措制定措施提高辅导员工作积极性。

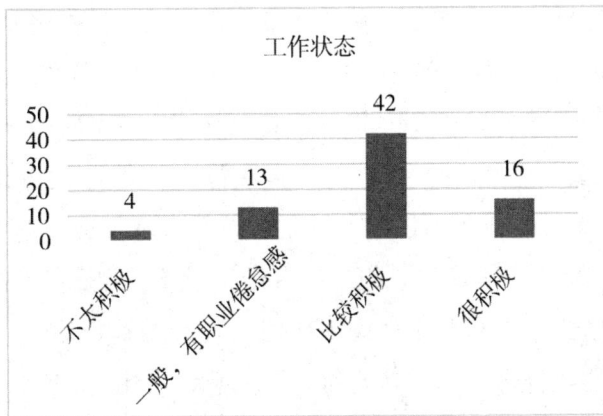

图 3-2 工作状态情况表

（二）工作表现的自我认可大于职业情感和工作成就感

对工作积极性的"职业情感、工作表现、工作成就感"三个维度进行比较时，"工作表现"的平均水平为 4.027，明显高于"职业情感"和"工作成就感"的平均水平。这说明辅导员的自我评价中，对自己的工作表现认可度非常高，比如"A7 针对工作困难，我认真负责，主动解决挑战和问题"，这一选项选择"非常符合"和"比较符合"的总计为 84.61%，这也说明了辅导员们的问卷结果显示出辅导员对工作的高度认真负责。

相比辅导员对自身工作表现的高度认可，对于职业情感和工作成就感则相对弱一些，这主要体现在职业情感的职业认同感低和工作成就感低两方面。如在职业情感指标中，"A1 辅导员工作让我感到很烦躁，缺乏工作热情"这一选项，选择"比较符合"和"非常符合"的总计占比 10.77%；"A2 我离开辅导员岗位的意愿较为强烈"这一选项，选择"比较符合"和"非常符合"的总计占比 20.00%，同时还有 15.38%的辅导员表示不确定；"A4 我认为辅导员工作烦琐，枯燥，机械重复"这一选项，选择"比较符合"和"非常符合"的总计占比 16.92%。

在工作成就感方面，辅导员们对自己的工作的成就和意义也有一定的疑虑和不确定性，如"A11 我疑惑自己所做的工作是否有意义"这一选项中，选择"比较符合"和"非常符合"的总计占比 18.46%；"A12 我能有效地完成各项任务，但业绩却不明显"这一选项中，选择"比较符合"和"非常符合"的总计占比 32.3%。但是在工作的过程中个人感觉很愉快，"A13 在完成工作时，我会感到很愉快"这一选项中，选择"比较符合"和"非常符合"的总计占比 78.46%。这样的冲突原因在于，辅导员的工作事项非常多，每件事情的完成能带来很强的成就感，这是作为辅导员的内在体验。但是由于事务性的工作的繁杂性和碎片化，在完成大量工作任务的同时，却又很难有业绩感的存在，经常有一种"非常忙，但是回过头来又不知道忙了啥"的感觉。个人内心较高的成就感和工作意义、业绩较低的价值感的错位部分原因在于，辅导员工作绩效考核和认定标准与辅导员实际工作存在一定的断裂，考核标准不能很好地反映辅导员工作内容，所以即使是辅导员工作很忙，个人完成工作有成就感，但是这种繁忙在结果上却又呈现出不同程度的无意义和无价值感。比如，每年的开学季和毕业季，大量的事务性工作的完成会给辅导员带来一定的工作成就感，但是这些不能被量化的工作在年底工作汇报或者评优时是没有价值和意义的，不能作为一个参考指标，因此，如何探索更加科学合理的辅导员考核标准体系是急需解决的问题。

尤其值得关注的是，从一般意义上来讲，"工作表现""职业情感""工作成就感"作为同时存在于员工工作状态时，理应是具有较高的"职业情感"和从工作中体验到了较强的"工作成就感"，由此带来的结果才是较积极的"工作表现"。然而，在辅导员队伍的数据结果中，我们可以看到，其实是积极的"工作表现"大于"职业情感"和"工作成就感"，这也在一定程度上说明辅导员队伍工作的积极性和责任感，即使是职业情感和工作成就感稍微弱的情况下，但是基于较强的工作责任感和工作干劲，针对工作困难认真负责，主动创新和解决工作中的挑战和问题。

通过以上调查结果的描述统计分析和回归分析可得出，虽然辅导员对目前薪资待遇等收入不满意，同时辅导员的工作强度大，工作过程体验到的职业成就感低，然而，在实际的工作实践中，辅导员队伍整体对辅导员这份工作的职业情感比较强烈，发自内心的热爱辅导员工作，同时在工作中的职业表现也非常积极，认真高质量地完成了辅导员的各项工作任务。

第三节 人口变量学对辅导员职业动力的影响

这部分内容是将问卷第一部分"基本信息"和问卷第二部分"辅导员工作积极性"之间的问卷数据结果进行比对分析，侧重于体现辅导员的基本信息，如性别、年龄、工作年限、婚姻状况等因素对辅导员工作积极性的影响情况。通过以上数据结果，可以让学校主管辅导员队伍的机构来摸清整体辅导员队伍情况，如各个年龄段的工作状态、不同学历的工作状态、不同工作年限的工作积极性，以便针对不同群体有侧重点地采取不同的激励措施。

关于人口变量学对辅导员职业动力的影响，将从描述统计分析和多元回归分析两方面呈现。这里有两点需要重点说明：第一，描述统计分析和多元回归分析的区别。描述性分析主要是为论证数据的分布情况，体现统计特征，如婚姻状况，描述性统计分析只是单独考虑了婚姻状况这个因素对辅导员工作积极性的影响。但是，在现实生活中，具体到每个辅导员个体，其工作积极性的影响因素是多样的，要考虑到多种因素的相互作用结果，为了考察和论证不同因素的影响程度和结果，因此，在研究过程中，我们建立了计算模型，也就是从多元回归分析的角度来论证。在多元回归模型中，把多种因素都纳入这个模型中，通过不同影响因素之间的关系来讨论多种因素辅导员工作积极性的影响。因此，就具体到某一个因素来说，描述性统计分析和多元回归分析的结果不同，比如，结婚状况这个要素，从描述统计分析角度来讲，对辅导员在工作积极性上没有影响；而从多元回归分析的角度来讲，则成为影响辅导员职业动力的一个重要因素。第二，在结果的采纳侧重点上。相较而言，我们主要看多元回归结果，结合多元回归结果里对应的变量是否显著，以及显著的方向是正相关还是负相关来解释影响因素的作用及影响程度。

（一）描述统计分析

此部分的描述性分析主要是通过数据情况呈现数据结果的统计特征，而且主要是单独考虑某个因素对辅导员工作积极性的影响。具体来说，就是不同性别、学历、年龄、婚姻状况、子女情况、职称、职级、职务、专业背景、工作年限等每个要素对辅导员工作积极性的影响。比如，性别要素，描述性统计分析的重点在于分析被调查的 75 名辅导员中，"性别"这个要素在上述调查对象的工作积极性中是否有不同，或者说男/女辅导员总体呈现在工作积极性上是不是有区别。但是，这里的"性别"要素的描述性统计分析不涉及学历、婚姻状况等其他要素的关系，比如，描述性统计结果显示，男女辅导员在工作积极性上没有区别，但是如果考虑到其他要素（因为现实生活中一个辅导员的工作积极性，肯定是这位辅导员的个人、工作、家庭、生活等多要素的综合），如一个女辅导员，同时也是已婚，那实际结果可能是这里的已婚"女"辅导员会与"男"辅导员在工作积极上有所差别。但是，本部分只是论证描述性统计分析，只体现单个指标的数据结果，考虑各要素综合作用结果的分析将在下一部分的多元回归分析中呈现。

1. 性　别

下表为 75 名高校辅导员中"男女性别"在工作积极性上的数据体现结果：

表 3-5 不同性别对工作积极性的影响

	性别（平均值±标准差）		t	p
	男	女		
工作积极性	3.90±0.72	3.81±0.74	0.402	0.689
* $p<0.05$ * * $p<0.01$				

从表 3-5 可知，利用 t 检验去研究性别对工作积极性的差异性，可以看出：不同性别样本对工作积极性全部均不会表现出显著性（$p>0.05$），意味着不同性别样本对工作积极性均表现出一致性，并没有差异性。也就是说，75 名辅导员中，男辅导员和女辅导员在工作积极性上没有差异。

2. 学　历

下表为 75 名高校辅导员中"学历"在工作积极性上的数据体现结果：

表 3-6 不同学历对工作积极性的影响

	学历（平均值±标准差）			F	p
	本科	硕士	博士		
工作积极性	3.88±0.61	3.79±0.75	3.86±0.75	0.072	0.930
* $p<0.05$ * * $p<0.01$					

从表 3-6 可知，利用方差分析（全称为单因素方差分析）去研究学历对工作积极性的差异性，可以看出：不同学历样本对工作积极性均不会表现出显著性（$p>0.05$），意味着不同学历样本对工作积极性均表现出一致性，并没有差异性。也就是说，75 名辅导员中，本科、硕士和博士辅导员在工作积极性上没有不同。

3. 年 龄

下表为75名高校辅导员中"年龄"在工作积极性上的数据体现结果：

表3-7 不同年龄对工作积极性的影响

	年龄（平均值±标准差）				F	p
	30岁以下	31~35岁	36~40岁	40岁以上		
工作积极性	4.03±0.53	3.78±0.75	3.68±0.88	4.19±0.39	1.140	0.339
$^*p<0.05$ $^{**}p<0.01$						

从表3-7可知，利用方差分析去研究年龄对工作积极性的差异性，可以看出：不同年龄样本对工作积极性均不会表现出显著性（$p>0.05$），意味着不同年龄样本对工作积极性均表现出一致性，并没有差异性。也就是说，75名辅导员中，不同年龄的辅导员在工作积极性上表现一样。

4. 婚姻状况

下表为75名高校辅导员中"婚姻状况"在工作积极性上的数据体现结果：

表3-8 不同婚姻状况对工作积极性的影响

	婚姻状况（平均值±标准差）		t	p
	已婚	未婚		
工作积极性	3.76±0.74	4.08±0.70	−1.601	0.114
$^*p<0.05$ $^{**}p<0.01$				

从表3-8可知，利用t检验去研究婚姻状况对工作积极性的差异性，可以看出：不同婚姻状况样本对工作积极性均不会表现出显著性（$p>0.05$），意味着不同婚姻状况样本对工作积极性均表现出一致性，

并没有差异性。也就是说，75 名辅导员中，结婚与否的辅导员在工作积极性上表现一样。

5. 子女情况

下表为 75 名高校辅导员中"子女情况"在工作积极性上的数据体现结果：

表 3-9　不同子女情况对工作积极性的影响

	子女情况（平均值±标准差）			F	p
	1 个子女	2 个子女	暂无子女		
工作积极性	3.67±0.70	3.93±0.87	3.94±0.68	1.146	0.324
${}^*p<0.05\ {}^{**}p<0.01$					

从表 3-9 可知，利用方差分析去研究子女情况对工作积极性的差异性，可以看出：不同子女情况样本对工作积极性均不会表现出显著性（$p>0.05$），意味着不同子女情况样本对工作积极性均表现出一致性，并没有差异性。也就是说，75 名辅导员中，是否有子女，以及有几个子女，辅导员在工作积极性上表现一样。

6. 职称

下表为 75 名高校辅导员中"职称情况"在工作积极性上的数据体现结果：

表 3-10　不同职称对工作积极性的影响

	职称（平均值±标准差）					F	p
	实习研究员	助理研究员	副研究员	研究员	无		
工作积极性	3.64±1.11	3.81±0.69	4.02±0.83	1.79±null	3.98±0.55	2.458	0.053
${}^*p<0.05\ {}^{**}p<0.01$							

从表 3-10 可知，利用方差分析去研究职称对工作积极性的差异

性，可以看出：不同职称样本对工作积极性均不会表现出显著性（p>
0.05），意味着不同职称样本对工作积极性均表现出一致性，并没有差
异性。

7. 职 级

下表为75名高校辅导员中"职级情况"在工作积极性上的数据体
现结果：

表3-11 不同职级对工作积极性的影响

	职级（平均值±标准差）					F	p
	副科	正科	副处	正处	无		
工作积极性	3.00±1.08	4.04±0.63	3.93±0.75	1.79±0.23	3.81±0.65	3.846	0.007**
*$p<0.05$ **$p<0.01$							

从表3-11可知，利用方差分析去研究职级对工作积极性的差异
性，可以看出：不同职级样本对工作积极性均呈现出显著性（p<
0.05），意味着不同职级样本对工作积极性全部有着差异性。正科级的
辅导员工作积极性最高，其次是副处级、无职务、副科级，正处级的工
作积极性最低。

8. 职 务

下表为75名高校辅导员中"职务情况"在工作积极性上的数据体
现结果：

表3-12 不同职务对工作积极性的影响

	职务（平均值±标准差）			F	p
	副书记	辅导员	学工部员工		
工作积极性	3.98±0.53	3.75±0.80	3.95±0.71	0.821	0.444
*$p<0.05$ **$p<0.01$					

从表 3-12 可知，利用方差分析去研究职务对工作积极性的差异性，可以看出：不同职务样本对工作积极性均不会表现出显著性（$p>$ 0.05），意味着不同职务样本对工作积极性均表现出一致性，并没有差异性。

9. 专 业

下表为 75 名高校辅导员中"学科专业背景情况"在工作积极性上的数据体现结果：

表 3-13 不同专业对工作积极性的影响

	专业（平均值±标准差）			F	p
	学生工作相关专业	文科其他	理工科其他		
工作积极性	3.73±0.83	3.87±0.71	3.91±0.65	0.375	0.689
${}^*p<0.05$ ${}^{**}p<0.01$					

从表 3-13 可知，利用方差分析去研究专业对工作积极性的差异性，可以看出：不同专业样本对工作积极性均不会表现出显著性（$p>$ 0.05），意味着不同专业样本对工作积极性均表现出一致性，并没有差异性。

10. 工作年限

下表为 75 名高校辅导员中"工作年限情况"在工作积极性上的数据体现结果：

表 3-14 不同工作年限对工作积极性的影响

	您担任辅导员的时间（平均值±标准差）				F	p
	1~3 年	3~6 年	6~10 年	10 年以上		
工作积极性	3.79±0.86	3.71±0.80	3.92±0.55	4.05±0.54	0.714	0.547
${}^*p<0.05$ ${}^{**}p<0.01$						

从表3-14可知，利用方差分析去研究您担任辅导员的时间对工作积极性的差异性，可以看出：担任辅导员的时间不同样本对工作积极性全部均不会表现出显著性（$p>0.05$），意味着担任辅导员的不同年限样本对工作积极性均表现出一致性，并没有差异性。

11. 收入满意度

下表为75名高校辅导员中"收入满意度情况"在工作积极性上的数据体现结果：

表3-15 不同收入满意度对工作积极性的影响

| | 收入满意度（平均值±标准差） | | | | | F | p |
	非常不满意	不满意	一般	比较满意	非常满意		
工作积极性	3.43±1.01	3.38±0.89	3.96±0.58	4.24±0.42	4.21±null	3.699	0.009**

*$p<0.05$ **$p<0.01$

从表3-15可知，利用方差分析去研究收入满意度对工作积极性的差异性，可以看出：不同收入满意度样本对工作积极性均呈现出显著性（$p<0.05$），意味着不同收入满意度样本对工作积极性全部有着差异性。通过数据，可以发现，收入满意度越高，工作积极性越高。对收入非常满意和比较满意的辅导员的工作积极性较高。

12. 工作积极性与样本基本特征的交叉分析

下表为75名高校辅导员中在工作积极性上的数据体现结果，通过问卷数据的百分比情况来直接体现的情况：

表 3-16　工作状态与基本特征的交叉分析

题目	名称	工作状态（各1%）				总计
		不太积极	一般	比较积极	很积极	
性别	男	1（6.25）	2（12.50）	11（68.75）	2（12.50）	16
	女	3（5.08）	11（18.64）	31（52.54）	14（23.74）	59
总计		4（5.33）	13（17.33）	42（56.00）	16（21.34）	75
学历	本科	1（25.00）	1（25.00）	2（50.00）	0（0.00）	4
	硕士	1（3.45）	6（20.69）	15（51.72）	7（24.14）	29
	博士	2（4.76）	6（14.29）	25（59.52）	9（21.43）	42
总计		4（5.33）	13（17.33）	42（56.00）	16（21.33）	75
年龄	30岁以下	1（9.09）	3（27.27）	6（54.55）	1（9.09）	11
	31~35岁	2（5.13）	7（17.95）	22（56.41）	8（20.51）	39
	36~40岁	1（5.56）	3（16.67）	11（61.11）	3（16.67）	18
	40岁以上	0（0.00）	0（0.00）	3（42.86）	4（57.14）	7
总计		4（5.33）	13（17.33）	42（56.00）	16（21.33）	75
婚姻状况	已婚	3（5.17）	9（15.52）	34（58.62）	12（20.69）	58
	未婚	1（5.88）	4（23.53）	8（47.06）	4（23.53）	17
总计		4（5.33）	13（17.33）	42（56.00）	16（21.33）	75
子女情况	1个子女	0（0.00）	8（27.59）	16（55.17）	5（17.24）	29
	2个子女	1（5.88）	1（5.88）	8（47.06）	7（41.18）	17
	暂无子女	3（10.34）	4（13.79）	18（62.07）	4（13.79）	29
总计		4（5.33）	13（17.33）	42（56.00）	16（21.33）	75
职称	实习研究员	1（50.00）	0（0.00）	1（50.00）	0（0.00）	2
	助理研究员	2（4.00）	8（16.00）	30（60.00）	10（20.00）	50
	副研究员	0（0.00）	1（8.33）	6（50.00）	5（41.67）	12
	研究员	0（0.00）	1（100.00）	0（0.00）	0（0.00）	1
	无	1（10.00）	3（30.00）	5（50.00）	1（10.00）	10

续表

题目	名称	工作状态（各1%）				总计
		不太积极	一般	比较积极	很积极	
总计		4 (5.33)	13 (17.33)	42 (56.00)	16 (21.33)	75
职级	副科	2 (66.67)	0 (0.00)	1 (33.33)	0 (0.00)	3
	正科	0 (0.00)	2 (11.76)	11 (64.71)	4 (23.53)	17
	副处	0 (0.00)	2 (11.76)	9 (52.94)	6 (35.29)	17
	正处	0 (0.00)	1 (100.00)	0 (0.00)	0 (0.00)	1
	无	2 (5.41)	8 (21.62)	21 (56.76)	6 (16.22)	37
总计		4 (5.33)	13 (17.33)	42 (56.00)	16 (21.33)	75
职务	副书记	0 (0.00)	2 (11.76)	10 (58.82)	5 (29.41)	17
	学工部员工	1 (8.33)	2 (16.67)	4 (33.33)	5 (41.67)	12
	辅导员	3 (6.52)	9 (19.57)	28 (60.87)	6 (13.04)	46
总计		4 (5.33)	13 (17.33)	42 (56.00)	16 (21.33)	75
专业	学生工作相关专业	1 (4.00)	7 (28.00)	8 (32.00)	9 (36.00)	25
	文科其他	2 (5.41)	4 (10.81)	25 (67.57)	6 (16.22)	37
	理工科其他	1 (7.69)	2 (15.38)	9 (69.23)	1 (7.69)	13
总计		4 (5.33)	13 (17.33)	42 (56.00)	16 (21.33)	75
您担任辅导员的时间	1~3年	2 (9.09)	5 (22.73)	10 (45.45)	5 (22.73)	22
	3~6年	1 (3.85)	6 (23.08)	16 (61.54)	3 (11.54)	26
	6~10年	1 (7.69)	1 (7.69)	9 (69.23)	2 (15.38)	13
	10年以上	0 (0.00)	1 (7.14)	7 (50.00)	6 (42.86)	14
总计		4 (5.33)	13 (17.33)	42 (56.00)	16 (21.33)	75

续表

题目	名称	工作状态（各1%）				总计
		不太积极	一般	比较积极	很积极	
收入满意度	非常不满意	1（14.29）	2（28.57）	4（57.14）	0（0.00）	7
	不满意	3（18.75）	4（25.00）	4（25.00）	5（31.25）	16
	一般	0（0.00）	7（17.50）	27（67.50）	6（15.00）	40
	比较满意	0（0.00）	0（0.00）	7（63.64）	4（36.36）	11
	非常满意	0（0.00）	0（0.00）	0（0.00）	1（100.00）	1
总计		4（5.33）	13（17.33）	42（56.00）	16（21.33）	75
$^*p<0.05$ $^{**}p<0.01$						

（二）多元回归分析

与描述统计分析呈现的数据不同，多元回归分析是论证各要素之间的关系，证明各影响因素在综合相互作用的情况下的影响作用和程度。也就是说，对个体辅导员来说，其工作积极性的表现是受性别、学历、年龄、婚姻状况、子女情况、职称、职级、职务、专业背景、工作年限等因素综合作用的结果，而非单一因素的影响。比如，工作年限长短单一要素也许不会对工作积极性产生显著影响，但是综合职称、职级、职务等要素，工作年限可能就会对辅导员的职业动力产生积极或者消极影响。比如，一位工作 10 年以上的辅导员，且一直没有在职务上被提拔，在职级上也没有晋升，这位辅导员可能会因为自身的职业发展情况和前景等因素对工作表现产生显著影响。因此，在这一部分的多元回归分析中，侧重点在于将涉及辅导员的个体因素（性别、学历、年龄、婚姻状况、子女情况、职称、职级、职务、专业背景、工作年限等）综合考虑，从总体上来梳理哪些因素真正会对辅导员职业动力产生影响，以及影响程度。

表 3-17 辅导员工作积极性个性特征的回归分析（模型 1）

辅导员工作积极性个性特征的回归分析（模型 1）					
	回归系数	95% CI	VIF	R^2	贡献率
常数	0.642（0.673）	−1.227~2.511	−	0.003	1.01%
性别	−0.041（−0.206）	−0.429~0.348	1.147	0.022	7.25%
学历	0.270（1.616）	−0.057~0.597	1.726	0.034	11.37%
年龄	−0.122（−0.849）	−0.405~0.160	2.459	0.043	14.23%
婚姻状况	0.595**（2.659）	0.156~1.033	1.524	0.041	13.55%
职称	0.053（0.610）	−0.118~0.224	1.490	0.037	12.41%
职务	0.075（0.505）	−0.216~0.366	1.462	0.030	10.07%
专业	0.116（1.044）	−0.102~0.334	1.036	0.025	8.45%
工作年限	0.300**（2.685）	0.081~0.519	2.496	0.038	12.77%
收入满意度	0.348**（3.905）	0.173~0.523	1.015	0.027	8.89%
样本量	75				
R^2	0.299				
调整 R^2	0.202				
F 值	$F(9, 65) = 3.075, p = 0.004$				
因变量：工作积极性					
D-W 值：2.194					
*$p<0.05$ **$p<0.01$ 括号里面为 t 值					

从上表可知，将性别，学历，年龄，婚姻状况，职称，职务，专业，工作年限，收入满意度作为自变量，而将工作积极性作为因变量进行线性回归分析，可以看出，模型 1 公式：工作积极性 = 0.642 - 0.041 × 性别 + 0.270 × 学历 - 0.122 × 年龄 + 0.595 × 婚姻状况 + 0.053 × 职称 + 0.075 × 职务 + 0.116 × 专业 + 0.300 × 工作年限 + 0.348 × 收入满意度，模型 R 方值为 0.299，意味着性别，学历，年龄，婚姻状况，职称，职务，专业，工作年限，收入满意度可以解释工作积极性的 29.9% 变化原因。对模型进行 F 检验时发现模型通过 F 检验（$F = 3.075$，$p = 0.004 < 0.05$），也即说明性别，学历，年龄，婚姻状况，职称，职务，专业，工作年限，收入满意度中至少一项会对工作积极性产生影响关系，另外，针对模型的多重共线性进行检验发现，模型中 VIF 值均小于 5，意味着不存在共线性问题；并且 D-W 值在数字 2 附近，因而说明模型不存在自相关性，样本数据之间并没有关联关系，模型较好。

最终具体分析可知：性别的回归系数值为 -0.041（$t = -0.206$，$p = 0.837 > 0.05$），意味着性别并不会对工作积极性产生影响关系。

学历的回归系数值为 0.270（$t = 1.616$，$p = 0.111 > 0.05$），意味着学历并不会对工作积极性产生影响关系。

年龄的回归系数值为 -0.122（$t = -0.849$，$p = 0.399 > 0.05$），意味着年龄并不会对工作积极性产生影响关系。

婚姻状况的回归系数值为 0.595（$t = 2.659$，$p = 0.010 < 0.01$），意味着婚姻状况会对工作积极性产生显著的正向影响关系，即婚姻状况的得分每增加 1 个单位，工作积极性的平均得分增加 0.595。

职称的回归系数值为 0.053（$t = 0.610$，$p = 0.544 > 0.05$），意味着职称并不会对工作积极性产生影响关系。

职务的回归系数值为 0.075（$t = 0.505$，$p = 0.615 > 0.05$），意味着职务并不会对工作积极性产生影响关系。

专业的回归系数值为 0.116（$t = 1.044$，$p = 0.300 > 0.05$），意味着专业并不会对工作积极性产生影响关系。

工作年限的回归系数值为 0.300（$t = 2.685$，$p = 0.009 < 0.01$），意味着工作年限会对工作积极性产生显著的正向影响关系，即工作年限的得分每增加 1 个单位，工作积极性的平均得分增加 0.300。

收入满意度的回归系数值为 0.348（$t = 3.905$，$p = 0.000 < 0.01$），意味着收入满意度会对工作积极性产生显著的正向影响关系，即收入满意度的得分每增加 1 个单位，工作积极性的平均得分增加 0.348。

总结分析可知：婚姻状况、工作年限、收入满意度会对工作积极性产生显著的正向影响关系。但是性别、学历、年龄、职称、职务、专业并不会对工作积极性产生影响关系。

（三）研究结论

在受访对象的个人因素方面，不同性别、学历、年龄、婚姻状况、子女情况、职称、职级、职务、专业背景、工作年限的辅导员，在工作积极性上存在明显差异。结合上述因素和工作积极性的描述统计和多元回归分析两方面来讲，总的来说，婚姻状况、工作年限、收入满意度会对工作积极性产生显著的正向影响关系。但是性别、学历、年龄、职称、职务、专业并不会对工作积极性产生影响关系。

1. 婚姻状况方面，未婚比已婚的辅导员工作积极性高

这一结论也是与常识相一致的，未婚意味着时间更为自由、家庭的责任也没有影响工作要求，可以将更多精力聚焦到工作中，因此，工作干劲也比较足。而已婚的辅导员不仅要承受工作的压力，而且要承担家庭的责任，尤其是女性辅导员，如果家庭的社会角色得不到有力的弥补，那将有一部分精力和时间用于照顾家庭，工作精力和热情必然会受到影响。

2. 收入满意度方面，收入满意度越高，积极性越高

虽然享受着同样的工资待遇，但是每个人对工资的期待值和满意度不一样，因此对于同样的工资待遇也会出现不同的满意度，对满意度尚可的辅导员，则认为自身的工作辛苦程度和工作回答是成正比的，因此在工作上更倾向于积极对待。相反，如果对自身收入不满意，认为工作回报和工作付出不能成正比，这样的心理落差便会呈现在工作过程中，因此便会体现出不同程度的工作懈怠等情况。

3. 工作年限越长，积极性越高

这一结论可以说是打破了以往认知，一般来说，随着工作年限的增加，对辅导员工作的热情逐渐降低。而这一数据论证结果表明，辅导员的工作积极性实际是出现了一个波浪形的变化，在工作的前两年，工作热情非常高涨，但是工作 3 年左右的时间就会达到一个工作热情低谷。在这一低谷的时候，辅导员个人会通过自我定位和考虑重新定位自己的职业，如转岗和继续留任辅导员岗位。因此，经过这一时期的筛选，辅导员岗位上都更加坚定了自己的职业志向，对辅导员工作再次进行了新的定位，爆发了新一轮的工作激情。总的来说，辅导员工作 1~3 年、3~6 年、6~10 年、10 年以上选择比较积极的分别为 68. 18%、73. 08%、84. 61%、92. 86%。

第四节　辅导员工作性质因素对辅导员职业动力的影响

不同行业、不同岗位的工作都具有不同的特色，一份工作的工作性质及特点等要素对员工的影响有关键性作用。辅导员这一岗位、这一职业具有自身的工作特点和性质，这一岗位的特点也是影响辅导员职业动力的重要因素之一。根据对以往研究成果的梳理、辅导员工作岗位实

际，以及笔者本人作为一线辅导员六年的经历，将影响辅导员职业动力的工作性质分为以下几个要素，分别是工作强度、工作定位、工作价值、工作前景、工作成就，并制定了量表。量表包括5个一级指标，下面共设置了15个问题来反映上述5个指标。量表采用李克特计分法，所有条目评分均为正向得分，即得分越高，各因素各维度评价越高。为了更好地呈现问卷调查结果，数据将通过2种形式来呈现，分别是描述统计分析（直观数据、箱型图、描述统计分析）、多元回归分析。

一、描述统计分析

描述性统计分析侧重点在于呈现受访辅导员对辅导员这一岗位所具有的工作性质维度的5个指标的认可度和满意度，通过数据可以直观看到受访辅导员对辅导员岗位性质工作强度、工作定位、工作价值、工作前景、工作成就等各要素的现状。为了进一步体现每个指标代表的含义，5个指标下面设置了15个问题来让被访辅导员填写，通过问卷的数据结果来揭示辅导员这一工作性质对辅导员队伍工作积极性的影响程度。

（一）直观数据

直观数据就是通过导出问卷星的数据结果，直接呈现受访辅导员对每个问题的回答情况，直接反映每个问题结果的分布情况。

表 3-18 辅导员工作性质维度对辅导员职业动力影响的直观数据

	题目/选项	非常不符合	比较不符合	不确定	比较符合	非常符合
工作强度	B1 白加黑、5+2、24小时开机是我的工作常态	1 (1.33%)	3 (4.00%)	7 (9.33%)	23 (30.67%)	41 (54.67%)
	B2 既做教育工作，又做管理工作，我感觉分身乏术	4 (5.33%)	14 (18.67%)	18 (24.00%)	18 (24.00%)	21 (28.00%)
	B3 上面千条线，下面一根针，与学生相关的工作最终落到我身上	1 (1.33%)	10 (13.33%)	12 (16.00%)	17 (22.67%)	35 (46.67%)
	B4 日常工作中扮演的角色过多，我感到压力很大	5 (6.67%)	12 (16.00%)	17 (22.67%)	17 (22.67%)	24 (32.00%)
工作定位	B5 事务管理工作烦琐，价值引领工作难以落实	3 (4.00%)	12 (16.00%)	20 (26.67%)	22 (29.33%)	18 (24.00%)
	B6 我清晰地认知辅导员的职业角色	0 (0.00%)	1 (1.33%)	24 (32.00%)	30 (40.00%)	20 (26.67%)
工作价值	B7 辅导员工作能实现我的人生价值和职业理想	2 (2.67%)	11 (14.67%)	27 (36.00%)	23 (30.67%)	12 (16.00%)
	B8 辅导员对高校的学生教育有重大作用和意义	0 (0.00%)	4 (5.33%)	7 (9.33%)	26 (34.67%)	38 (50.67%)
工作前景	B9 辅导员工作有良好的前景	4 (5.33%)	12 (16.00%)	34 (45.33%)	16 (21.33%)	9 (12.00%)
	B10 这份工作较为稳定	1 (1.33%)	2 (2.67%)	9 (12.00%)	34 (45.33%)	29 (38.67%)
	B11 辅导员工作是一项专业性很强的工作	4 (5.33%)	8 (10.67%)	13 (17.33%)	30 (40.00%)	20 (26.67%)

续表

	题目/选项	非常不符合	比较不符合	不确定	比较符合	非常符合
工作成就	B12 我可以看到努力工作的成果	2（2.67%）	12（16.00%）	16（21.33%）	32（42.67%）	13（17.33%）
	B13 我的工作常常能够得到上级、同事的肯定	3（4.00%）	7（9.33%）	20（26.67%）	31（41.33%）	14（18.67%）
	B14 辅导员的工作让我很有成就感	3（4.00%）	12（16.00%）	19（25.33%）	30（40.00%）	11（14.67%）
	B15 工作让我有比较强烈的归属感	5（6.67%）	12（16.00%）	20（26.67%）	25（33.33%）	13（17.33%）
	小计	38（3.38%）	132（11.73%）	263（23.38%）	374（33.24%）	318（28.27%）

（二）箱型图

"工作性质因素"的整体水平及各题项描述性分析的结果如表 3-19 所示，得分分布如图 3-3 所示。箱型图显示，接受调查的 75 名辅导员总体个人维度及其五个维度得分的中位数趋近于 3，工作价值的上四分位数点最大，工作强度的下四分位数点最小。

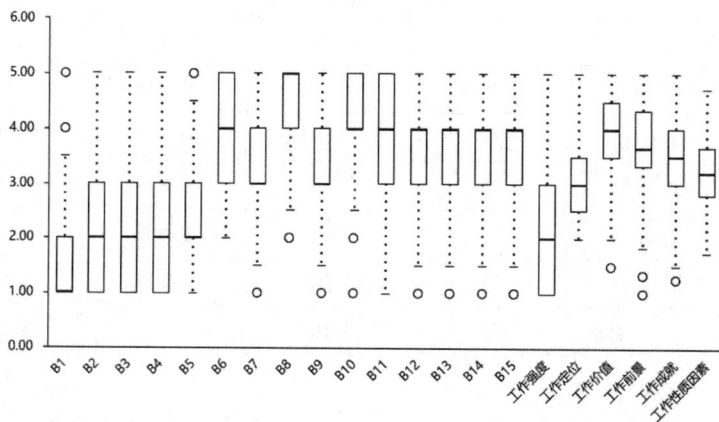

图 3-3　工作性质因素各题项及整体水平箱型图

（三）描述统计分析

表3-19　工作性质因素的描述统计分析结果

	名称	样本量	平均值	标准差	中位数
工作强度	B1	75	1.667	0.905	1.000
	B2	75	2.493	1.234	2.000
	B3	75	2.000	1.139	2.000
	B4	75	2.427	1.275	2.000
工作定位	B5	75	2.467	1.143	2.000
	B6	75	3.920	0.801	4.000
工作价值	B7	75	3.427	1.016	3.000
	B8	75	4.307	0.854	5.000
工作前景	B9	75	3.187	1.023	3.000
	B10	75	4.173	0.844	4.000
	B11	75	3.720	1.134	4.000
工作成就	B12	75	3.560	1.043	4.000
	B13	75	3.613	1.025	4.000
	B14	75	3.453	1.056	4.000
	B15	75	3.387	1.150	4.000
	工作强度	75	2.147	0.945	2.000
	工作定位	75	3.193	0.697	3.000
	工作价值	75	3.867	0.827	4.000
	工作前景	75	3.693	0.809	3.667
	工作成就	75	3.503	0.947	3.500
	工作性质因素	75	3.187	0.658	3.200

　　上述描述性统计结果揭示的是辅导员对目前辅导员这份工作性质的认可度和满意度，也就是说，就目前辅导员工作所特有的工作强度、工

作定位、工作价值、工作前景、工作成就 5 项指标中，辅导员对各种指标的满意度和评价，"平均值"一列分值越高，代表对这一指标的满意度越高，分值低代表满意度低。表 3-19 数据显示，受访的 75 名辅导员中，总体工作积极性均值为 3.187。在对工作性质因素 5 项指标进行比较时，其中，工作价值的平均水平为 3.867，明显高于其他四项的平均水平；随后依次为工作前景为 3.693、工作成就为 3.503、工作定位 3.193，且以上三者基本持平；排在最后的是工作强度 2.147。这也表明，辅导员对辅导员这份工作的工作价值认可度非常高，"辅导员工作能实现我的人生价值和职业理想"和"辅导员对高校的学生教育有重大作用和意义"得到辅导员的高度认可。而对辅导员这份工作的工作强度成为辅导员工作的一大困扰，辅导员普遍认为工作强度大，普遍期待在工作强度上能有所改善。数据也显示，得分最低是 B1 "白加黑、5+2、24 小时开机是我的工作常态"，得分最低也就意味着被调查的辅导员认为辅导员工作性质中的"白加黑、5+2、24 小时开机是工作常态"，而且这种工作状态是影响辅导员工作积极性的一项重要因素，辅导员普遍不赞同这一工作状态，因此，高强度的工作状态从一定程度上影响了辅导员对此项工作的认可度。另外，15 个问题中各题项分值从 1.667 到 4.307 进行波动，其中得分最高为 B10 "这份工作较为稳定"，这也表明辅导员普遍认为"辅导员工作"具有高校的正式职业编制，在身份上属于高校教师，因此，工作比较稳定，这也是辅导员从事此项工作的一个原因。

二、多元回归分析

表3-20 工作性质对工作积极性的影响

	回归系数	95% CI	VIF	R^2	贡献率（%）
常数	1.121**（3.574）	0.506~1.736	—	0.000	0.01%
工作强度	0.058（0.860）	−0.074~0.189	1.348	0.165	26.66%
工作定位	0.155（1.539）	−0.042~0.352	1.649	0.077	12.36%
工作价值	0.115（1.144）	−0.082~0.312	2.324	0.074	11.94%
工作前景	0.033（0.264）	−0.212~0.278	3.440	0.124	19.98%
工作成就	0.435**（4.693）	0.254~0.617	2.585	0.180	29.05%
样本量	75				
R^2	0.619				
调整 R^2	0.591				
F 值	$F_{(5, 69)} = 22.430$, $p = 0.000$				
因变量：工作积极性					
D-W 值：1.652					
*$p<0.05$ **$p<0.01$ 括号里面为 t 值					

从上表可知，将工作强度，工作定位，工作价值，工作前景，工作成就作为自变量，而将工作积极性作为因变量进行线性回归分析，可以看出，模型公式：工作积极性 = 1.121 + 0.058×工作强度 + 0.155×工作定位 + 0.115×工作价值 + 0.033×工作前景 + 0.435×工作成就，模型 R 方值

为 0.619，意味着工作强度、工作定位、工作价值、工作前景、工作成就可以解释工作积极性的 61.9% 变化原因。对模型进行 F 检验时发现模型通过 F 检验（$F = 22.430$，$p = 0.000 < 0.05$），也即说明工作强度、工作定位、工作价值、工作前景、工作成就中至少一项会对工作积极性产生影响关系，另外，针对模型的多重共线性进行检验发现，模型中 VIF 值均小于 5，意味着不存在共线性问题；并且 D-W 值在数字 2 附近，因而说明模型不存在自相关性，样本数据之间并没有关联关系，模型较好。最终具体分析可知：

工作强度的回归系数值为 0.058（$t = 0.860$，$p = 0.393 > 0.05$），意味着工作强度并不会对工作积极性产生影响关系。

工作定位的回归系数值为 0.155（$t = 1.539$，$p = 0.128 > 0.05$），意味着工作定位并不会对工作积极性产生影响关系。

工作价值的回归系数值为 0.115（$t = 1.144$，$p = 0.257 > 0.05$），意味着工作价值并不会对工作积极性产生影响关系。

工作前景的回归系数值为 0.033（$t = 0.264$，$p = 0.793 > 0.05$），意味着工作前景并不会对工作积极性产生影响关系。

工作成就的回归系数值为 0.435（$t = 4.693$，$p = 0.000 < 0.01$），意味着工作成就会对工作积极性产生显著的正向影响关系。

三、研究结论

辅导员工作性质本身因素包括工作强度、工作定位、工作价值、工作前景、工作成就五个指标，通过对以上五个指标的比较，描述性统计分析结果显示，就目前辅导员工作现状来说，辅导员的满意度按照以下顺序逐渐降低，分别是工作价值、工作前景、工作成就、工作定位、工作强度。多元回归分析结果显示，就五个指标共同综合作用于辅导员来说，仅有"工作成就"这一指标会对辅导员职业动力产生显著的正向影响关系，而其他四项指标对辅导员工作积极性不会产生明显影响。

　　第一，就现状来说，辅导员对工作价值、工作前景、工作成就、工作定位、工作强度的满意度呈递减趋势。一方面，工作价值的平均水平为3.867，明显高于其他四项的平均水平，辅导员对"工作价值"的认可度、满意度最高。辅导员认为自身工作对学生教育有重大作用意义，同时也能实现自身人生价值和职业理想。另一方面，虽然描述统计分析揭示了辅导员目前对工作强度、工作定位、工作价值、工作前景、工作成就五个维度的满意程度和认可程度，但是通过多元线性回归分析检验得知，在实际上仅有"工作成就感"会影响辅导员工作积极性，而工作强度、工作定位、工作价值、工作前景不会对辅导员的工作积极性产生影响。比如，辅导员普遍认为工作强度大，但是，工作强度即使大，也不会实际影响辅导员的工作积极性；辅导员认为目前对辅导员工作的定位不清晰，工作量繁杂，但是也会积极地去处理工作，不会对辅导员的工作产生懈怠；虽然辅导员普遍认为这份工作的价值意义很大，但是这种内在信念的强化也不会再度激发工作积极性；尽管辅导员队伍中对工作前景的乐观度不同，但是因为辅导员工作稳定等各种原因的增项，辅导员工作积极性也不会受到实质影响；但是，工作成就感这一指标，一方面就目前来说，辅导员普遍认为工作成就感高，另一方面，工作成就感是真正影响辅导员工作积极性的实质因素，工作成就感的降低会减弱工作积极性，同时成就感的增强也会同步促进工作积极性的提高。而其他四个因素，即使是再度降低，达不到辅导员的期望，辅导员也可以通过多种方式克服或者多种因素综合抵消，不会对辅导员工作积极性产生实质性影响；同理，其他四个因素的进一步改善和提升，依然也不会真正促进辅导员工作积极性的增加和强化。

　　这说明在目前的工作状态中，辅导员普遍认为辅导员这份工作具有较高的价值和意义，比如，84.62%的辅导员认为"B8辅导员对高校的学生教育有重大作用和意义",同时,认为"B7 辅导员工作能实现我的人生价值和职业理想"的占比 49.23%。在"工作价值"这一信念支撑下,通过实干,实际的"工作成就感"也得到了很好的回报和体现,"B14 辅导员的工作让我很有成就感"的占比 56.92%、"B15 工作让我有比较强烈的归属感"的占比 53.84%、"B13 我的工作常常能够得到上级、同事的肯定"的占比 60.00%。虽然,辅导员们对辅导员工作的美好愿景和实际的工作成就相呼应,很好地激发了辅导员的干劲,但是"工作强度""工作定位"等因素也在一定程度上影响着辅导员的工作积极性。关于工作强度,84.62%的辅导员认为"白加黑、5+2、24 小时开机是我的工作常态",50.77%的辅导员认为"B2 既做教育工作,又做管理工作,我感觉分身乏术",认为"B4 日常工作中扮演的角色过多,我感到压力很大"的辅导员占比 52.31。而引发这种高强度工作的部分原因是"工作定位"不清晰,虽然文件明确规定了高校辅导员工作的九大职责,然而在实际的工作中,辅导员的工作非常繁杂,远远超过了辅导员的工作职责内容,而是需要承担学院很多事务性工作,如人事、校友会等工作。调研数据显示,66.15%的辅导员认为"B6 我清晰地认知辅导员的职业角色",同时这一角色错位的原因在于忙于事务管理工作,而主责工作完成度不够,如"B5 事务管理工作烦琐,价值引领工作难以落实"占比 52.31%。但令人欣慰的是,虽然辅导员认为工作强度很大、工作定位不清晰、个人价值没有实现,但是凭借较强的职业信念和自身积极的努力和表现,自身依然获得了很高的工作成就感,约60%的辅导员选择"可以看到努力工作的成果、感到很有成就感"。

第二,就内在关系来说,仅有"工作成就"对辅导员职业动力产生显著的正向影响关系。高校辅导员联盟公众号长春工业大学化学工程学院辅导员杨楠发表《辅导员的职业幸福》,文章指出:"随着工作的时间推移，我们也陷入了'5+2''白加黑''手机24小时开机'的保姆工作模式（我的高中同学称我们是大学里的老妈子，没有不管的事儿），导致很多同事疲于各种事务性工作。"

第五节 学校维度对辅导员职业动力的影响

一、描述统计分析

（一）直观数据

表3-21 学校维度对辅导员职业动力影响的直观数据

	题目/选项	非常不符合	比较不符合	不确定	比较符合	非常符合
身份地位	C1 虽然辅导员工作很重要，但我觉得地位并不高	5（6.67%）	7（9.33%）	6（8.00%）	29（38.67%）	28（37.33%）
	C2 我和科研老师地位相当	32（42.67%）	30（40.00%）	10（13.33%）	0（0.00%）	3（4.00%）
薪资水平	C3 我认为辅导员的工资水平与工作强度成正比	33（44.00%）	25（33.33%）	15（20.00%）	1（1.33%）	1（1.33%）
	C4 学校会根据工作实际表现和年限确定相应行政级别，并享受同等待遇	15（20.00%）	17（22.67%）	24（32.00%）	17（22.67%）	2（2.67%）
职业发展	C5 辅导员有晋升通道，但晋升要求高，比例低	1（1.33%）	6（8.00%）	23（30.67%）	32（42.67%）	13（17.33%）
	C6 辅导员在职攻读博士可以脱产半年以上或提供学费资助	20（26.67%）	9（12.00%）	34（45.33%）	7（9.33%）	5（6.67%）

	题目/选项	非常不符合	比较不符合	不确定	比较符合	非常符合
能力培训	C7 学校每年都为辅导员参加各类培训提供机会和资金支持	1 （1.33%）	5 （6.67%）	9 （12.00%）	39 （52.00%）	21 （28.00%）
	C8 学校举办的辅导员业务培训效果很好	1 （1.33%）	8 （10.67%）	19 （25.33%）	37 （49.33%）	10 （13.33%）
	C9 学校经常举办学生工作沙龙或内部经验交流学习活动	1 （1.33%）	4 （5.33%）	9 （12.00%）	34 （45.33%）	27 （36.00%）
考评嘉奖	C10 十佳辅导员、弘德辅导员等对我很有激励作用	5 （6.67%）	8 （10.67%）	21 （28.00%）	26 （34.67%）	15 （20.00%）
	C11 十佳辅导员、弘德辅导员的评选结果能完全反映辅导员实际工作表现	4 （5.33%）	9 （12.00%）	26 （34.67%）	27 （36.00%）	9 （12.00%）
	C12 我对辅导员职称评审运行状况非常满意	5 （6.67%）	15 （20.00%）	32 （42.67%）	17 （22.67%）	6 （8.00%）
其他福利	C13 贵院实现了师生1∶200 的配比	7 （9.33%）	11 （14.67%）	19 （25.33%）	16 （21.33%）	22 （29.33%）
	C14 我对学校的其他福利感到满意（如子女教育等）	6 （8.00%）	6 （8.00%）	17 （22.67%）	26 （34.67%）	20 （26.67%）
小计		136 （12.95%）	160 （15.24%）	264 （25.14%）	308 （29.33%）	182 （17.33%）

（二）箱型图

"学校维度"的整体水平及各题项描述性分析的结果如表3-22所示，得分分布如图3-4所示。箱型图显示，接受调查的75名辅导员总体工作积极性及其三个维度得分的中位数趋近于3，其他福利得分的上四分位数点最大，身份地位的下四分位数点最小。

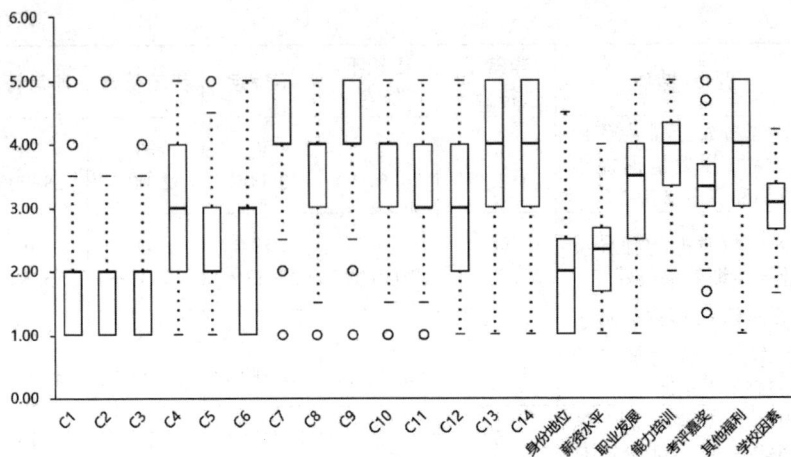

图 3-4　学校维度各题项及整体水平箱型图

（三）描述统计分析

表 3-22　学校维度的描述统计分析结果

	名称	样本量	平均值	标准差	中位数
身份地位	C1	75	2.093	1.199	2.000
	C2	75	1.827	0.950	2.000
薪资水平	C3	75	1.827	0.891	2.000
	C4	75	2.653	1.121	3.000
职业发展	C5	75	2.333	0.905	2.000
	C6	75	2.573	1.176	3.000
能力培训	C7	75	3.987	0.893	4.000
	C8	75	3.627	0.897	4.000
	C9	75	4.093	0.903	4.000

续表

	名称	样本量	平均值	标准差	中位数
考评嘉奖	C10	75	3.507	1.132	4.000
	C11	75	3.373	1.024	3.000
	C12	75	3.053	1.012	3.000
其他福利	C13	75	3.467	1.308	4.000
	C14	75	3.640	1.193	4.000
	身份地位	75	1.960	0.829	2.000
	薪资水平	75	2.271	0.743	2.333
	职业发展	75	3.280	0.763	3.500
	能力培训	75	3.742	0.764	4.000
	考评嘉奖	75	3.298	0.795	3.333
	其他福利	75	3.640	1.193	4.000
	学校因素	75	3.004	0.539	3.071

　　上述描述性统计结果揭示的是辅导员对目前学校层面的认可度和满意度，也就是说，就目前高校维度对辅导员的身份地位、薪资水平、职业发展、能力培训、考评嘉奖和其他福利 6 项指标中，辅导员对各种指标的满意度和评价，平均值一列分值越高，代表满意度越高，分值低代表满意度低。表 3-22 数据显示，接受调查的辅导员总体工作积极性均值为 3.004。各题项分值从 1.828 到 4.093 进行波动，其中得分最低为 C2"我和科研老师地位相当"、C3"我认为辅导员的工资水平与工作强度成正比"，得分最高是 C9"学校经常举办学生工作沙龙或内部经验交流学习活动"。在对学校维度六个维度进行比较时，能力培训的平均水平为 3.742，明显高于其他五项的平均水平；其他福利、考评嘉奖和职业发展基本持平；薪资水平和身份地位的平均水平最低。这也就表明，在学校提供给辅导员的各种政策和条件支持中，辅导员普遍认为"能

力培训"这一方面做得非常好，满足了辅导员工作所需的技能和知识的培养；而辅导员对学校的工资待遇，尤其是在政策支持和工作中体现的辅导员的身份地位的满意度较低，辅导员普遍期待在薪酬待遇和身份地位上有所改善。

二、多元回归分析

表 3-23 学校维度对工作积极性的影响

	回归系数	95% CI	VIF	R^2	贡献率（%）
常数	1.597** (3.944)	0.804~2.391	–	0.005	1.16%
身份地位	0.237** (2.693)	0.064~0.409	1.177	0.029	6.74%
薪资水平	0.226* (2.132)	0.018~0.433	1.369	0.057	13.14%
职业发展	0.013 (0.135)	−0.178~0.204	1.224	0.034	7.91%
能力培训	0.340** (2.864)	0.107~0.572	1.818	0.104	24.16%
考评嘉奖	0.094 (0.752)	−0.151~0.339	2.189	0.096	22.32%
其他福利	−0.101 (−1.580)	−0.226~0.024	1.282	0.106	24.59%
样本量	75				
R^2	0.431				
调整 R^2	0.381				
F 值	$F_{(6, 68)} = 8.598$, $p = 0.000$				
因变量：工作积极性					
D-W 值：1.725					
*$p<0.05$ **$p<0.01$ 括号里面为 t 值					

从上表可知，将身份地位，薪资水平，职业发展，能力培训，考评嘉奖，其他福利作为自变量，而将工作积极性作为因变量进行线性回归分析，可以看出，模型公式：工作积极性 = 1.597 + 0.237 × 身份地位 + 0.226 × 薪资水平 + 0.013 × 职业发展 + 0.340 × 能力培训 + 0.094 × 考评嘉奖 − 0.101 × 其他福利，模型 R 方值为 0.431，意味着身份地位，薪资水平，职业发展，能力培训，考评嘉奖，其他福利可以解释工作积极性的 43.1% 变化原因。对模型进行 F 检验时发现模型通过 F 检验（$F = 8.598$，$p = 0.000 < 0.05$），也即说明身份地位，薪资水平，职业发展，能力培训，考评嘉奖，其他福利中至少一项会对工作积极性产生影响关系，另外，针对模型的多重共线性进行检验发现，模型中 VIF 值均小于 5，意味着不存在共线性问题；并且 D−W 值在数字 2 附近，因而说明模型不存在自相关性，样本数据之间并没有关联关系，模型较好。最终具体分析可知：

身份地位的回归系数值为 0.237（$t = 2.693$，$p = 0.009 < 0.01$），意味着身份地位会对工作积极性产生显著的正向影响关系。薪资水平的回归系数值为 0.226（$t = 2.132$，$p = 0.037 < 0.05$），意味着薪资水平会对工作积极性产生显著的正向影响关系。职业发展的回归系数值为 0.013（$t = 0.135$，$p = 0.893 > 0.05$），意味着职业发展并不会对工作积极性产生影响关系。能力培训的回归系数值为 0.340（$t = 2.864$，$p = 0.006 < 0.01$），意味着能力培训会对工作积极性产生显著的正向影响关系。考评嘉奖的回归系数值为 0.094（$t = 0.752$，$p = 0.455 > 0.05$），意味着考评嘉奖并不会对工作积极性产生影响关系。其他福利的回归系数值为 −0.101（$t = −1.580$，$p = 0.119 > 0.05$），意味着其他福利并不会对工作积极性产生影响关系。

三、研究结论

学校维度包括身份地位、薪资水平、职业发展、能力培训、考评嘉奖、其他福利六项指标，通过对以上六项指标的比较，就目前辅导员对学校提供的政策支持和条件保障现状来说，一方面，能力培训的平均水平为 3.742，高于其他五项的平均水平。这也表明了，辅导员对学校的能力培训的情况是最为满意的，而其他五项逐渐减弱，尤其是对薪资水平和身份地位极不满意，平均水平仅为 2.271 和 1.960。另一方面，通过多元线性回归分析检验得知，在实际上仅有"能力培训""身份地位""薪资水平"三项指标会影响辅导员工作积极性，而职业发展、考评嘉奖、其他福利不会对辅导员工作积极性产生实质影响。比如，就目前现状来讲，能力培训这一方面已经得到了辅导员的普遍认可和最高满意度，同时回归结果显示这一指标仍然是影响辅导员队伍工作积极性的重要因素，也就是说，能力培训这一指标继续优化则会进一步提高辅导员工作积极性，如果出现倒退则会降低辅导员工作积极性。就薪资水平和身份地位而言，不仅目前辅导员对这两方面的满意度和认可度最低，而且回归结果证明这两个指标也是实质影响辅导员工作积极性的重要因素，相比于能力培训即使满意度最高也是影响工作积极性的真正要素，能力培训这方面只要继续保持目前状态即可，当然如果可以继续优化则能进一步发挥促进和激励作用，而就薪资水平和身份地位的目前被认可度和重要性来说，表明这两方面是亟须改进和优化的，以此来保障辅导员的工作积极性。而职业发展、考评嘉奖、其他福利三个指标的目前满意度也尚可，而且回归结果证明此三项指标也不会实质影响辅导员工作积极性，这表明上述三个指标无论是进一步优化还是有些许退步，都不会给辅导员工作积极性带来实质的影响。

就描述统计的数据显示，辅导员对学校的能力培训、职业发展、考评嘉奖的认可度非常高，而对身份地位和薪资水平的认可度比较低。就能力培训而言，80%的辅导员选择了"C7 学校每年都为辅导员参加各类培训提供机会和资金支持"，81.33%的辅导员选择了"C9 学校经常举办学生工作沙龙或内部经验交流学习活动"，这说明学校不仅举办了各类培训，涵盖了学生工作团队的内部交流形式和集体辅导报告等多种形式，而且辅导员参加频率比较高，因此辅导员知道学校在能力培训方面进行的工作。同时，数据进一步显示，62.66%的辅导员认为"C8 学校举办的辅导员业务培训效果很好"，综上，能力培训这项工作的开展具有实效性。在薪资水平和身份地位上，2.66%的辅导员选择"C3 我认为辅导员的工资水平与工作强度成正比"、76.00%的辅导员表示"C1 虽然辅导员工作很重要，但我觉得地位并不高"、4.00%的辅导员认为"C1 自己和科研老师地位相当"。但是，在职业发展上，60.00%的辅导员认为学校虽然有双线晋升的通道，但是晋升要求比较高，而且数量比较少；在考评嘉奖上，"C10 十佳辅导员、弘德辅导员等对我很有激励作用""C11 十佳辅导员、弘德辅导员的评选结果能完全反映辅导员实际工作表现""C12 我对辅导员职称评审运行状况非常满意"三个问题均得到了50%以上辅导员的支持和认可，这也说明学校将奖惩激励这一抓手运用较好，得到了辅导员的实际认可。

第六节 学院维度对辅导员职业动力的影响

一、描述统计分析

（一）直观数据

表 3-24 学院维度对辅导员职业动力影响的直观数据

	题目/选项	非常不符合	比较不符合	不确定	比较符合	非常符合
学工团队氛围	D1 我所在学院的辅导员团队关系良好，团结互助	1 (1.33%)	5 (6.67%)	11 (14.67%)	33 (44.00%)	25 (33.33%)
	D2 团队成员之间的分工合理，工作量大致相当	5 (6.67%)	11 (14.67%)	19 (25.33%)	29 (38.67%)	11 (14.67%)
	D3 工作遇到困难时，会寻求团队成员帮助并能得到解决	2 (2.67%)	4 (5.33%)	11 (14.67%)	37 (49.33%)	21 (28.00%)
	D4 面对重大或复杂任务时，团队成员会分工协作	2 (2.67%)	3 (4.00%)	13 (17.33%)	35 (46.67%)	22 (29.33%)
	D5 我会主动和领导就工作难题进行沟通，积极解决	1 (1.33%)	1 (1.33%)	9 (12.00%)	32 (42.67%)	32 (42.67%)
领导的能力	D6 领导的能力强，得到团队成员认可	2 (2.67%)	6 (8.00%)	12 (16.00%)	28 (37.33%)	27 (36.00%)
	D7 领导会主动关心我的生活和工作困难	4 (5.33%)	6 (8.00%)	16 (21.33%)	23 (30.67%)	26 (34.67%)

140

	题目/选项	非常不符合	比较不符合	不确定	比较符合	非常符合
学院重视程度	D8 学院领导班子重视辅导员队伍建设	5（6.67%）	9（12.00%）	20（26.67%）	24（32.00%）	17（22.67%）
	D9 学生工作在学院显示度高	9（12.00%）	10（13.33%）	19（25.33%）	26（34.67%）	11（14.67%）
	D10 基于我的技能和经验，学院认为我对学院很重要	10（13.33%）	9（12.00%）	20（26.67%）	27（36.00%）	9（12.00%）
	D11 工作强度能在学院年终奖有所体现	7（9.33%）	21（28.00%）	22（29.33%）	20（26.67%）	5（6.67%）
学习成长	D12 辅导员会集体申报相关课题或发表文章	3（4.00%）	7（9.33%）	18（24.00%）	33（44.00%）	14（18.67%）
	D13 在学院工作过程中个人能得到进步	1（1.54%）	6（9.23%）	15（23.08%）	31（47.69%）	12（18.46%）
学院氛围	D14 学院生态氛围好，工作有干劲	1（1.54%）	9（13.85%）	16（24.62%）	24（36.92%）	15（23.08%）
	小　计	42（4.62%）	98（10.77%）	198（21.76%）	354（38.90%）	218（23.96%）

（二）箱型图

"学院维度"的整体水平及各题项描述性分析的结果如表 3-25 所示，得分分布如图 3-5 所示。箱型图显示，接受调查的 75 名辅导员总体工作积极性及其三个维度得分的中位数趋近于 4，领导的能力的上四分位数点最大，学院氛围的下四分位数点最小。

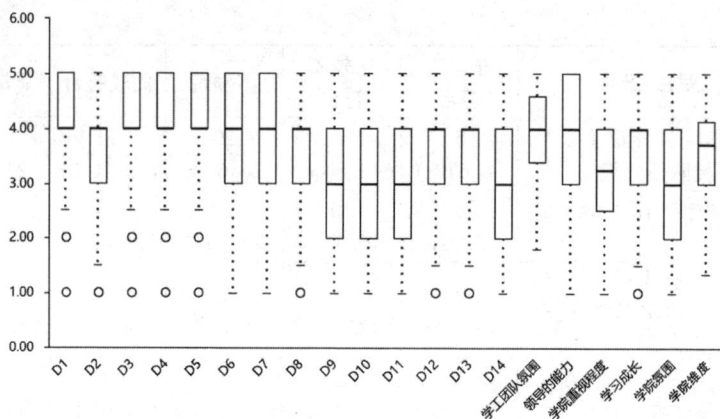

图 3-5 学院维度各题项及整体水平箱型图

（三）描述统计分析

表 3-25 学院维度的描述统计分析结果

	名称	样本量	平均值	标准差	中位数
学工团队氛围	D1	75	4.013	0.937	4.000
	D2	75	3.400	1.115	4.000
	D3	75	3.947	0.943	4.000
	D4	75	3.960	0.936	4.000
	D5	75	4.240	0.819	4.000
领导的能力	D6	75	3.960	1.045	4.000
	D7	75	3.813	1.159	4.000
学院重视程度	D8	75	3.520	1.167	4.000
	D9	75	3.267	1.223	3.000
	D10	75	3.213	1.211	3.000
	D11	75	2.933	1.095	3.000

续表

	名称	样本量	平均值	标准差	中位数
学习成长	D12	75	3.640	1.022	4.000
	D13	75	3.653	1.084	4.000
学院氛围	D14	75	3.000	1.230	3.000
	学工团队氛围	75	3.912	0.772	4.000
	领导的能力	75	3.887	1.064	4.000
	学院重视程度	75	3.233	1.016	3.250
	学习成长机会	75	3.647	0.982	4.000
	学院氛围	75	3.000	1.230	3.000
	学院维度	75	3.611	0.795	3.714

表 3-25 数据显示，一方面，接受调查的辅导员对学院维度的各指标的满意度均值为 3.611，且学工团队氛围、领导的能力、学院重视程度、学习成长机会和学院氛围之间的均值均在 3 以上，且相互之间的差距非常小。总体来说，对学院维度的均值可以说明目前辅导员队伍对自己各自所在的学院的学工团队氛围、领导的能力、学院重视程度、学习成长机会和学院氛围都比较满意。另一方面，在对学院维度五项指标进行比较时，学工团队氛围的平均水平为 3.912，明显高于其他四项的平均水平。其次是领导的能力、学习成长机会、学院重视程度和学院氛围。这在一定程度上可以反映出各个学院的学工团队氛围是非常团结的；领导的能力均值为 3.887，也反映了各学院辅导员对学院的副书记整体是比较认可的，学校的整个副书记团队是得到整个辅导员队伍的认可，这也就有效地保障了各个学院学工团队工作的有效开展；其他 3 个指标的数据也体现了学院层面给予了辅导员很好的成长空间和机会，辅导员们对各自所在的学院的整体氛围也比较满意，这样也就为辅导员在

学院的工作开展提供了宽松和积极的工作氛围。

在 5 个指标的 14 个题项中，各题项分值从 2.933 到 4.240 进行波动，其中得分最高为 D5 "我会主动和领导就工作难题进行沟通，积极解决"，这里的领导是指副书记，这就说明了辅导员和副书记的工作对接比较及时有效、工作机制顺畅。得分最低是 D12 "辅导员会集体申报相关课题或发表文章"，这真实地反映了辅导员队伍的科研情况，学生工作的事务性工作大家一起做，但是科研基本都是自己的事情，个人根据自己的兴趣、时间和精力安排来决定是否进行课题申报、文章撰写等相关工作，而且申报课题等事情方面也会打破学院层面学工团队的界限，一般是从整个学校层面来组队，研究方向相近的团队来申请课题，因此，科研呈现很强的个人自主性。

二、多元回归分析

表 3-26　学院维度对工作积极性的影响

	回归系数	95% CI	VIF	R^2	贡献率（%）
常数	1.781** (6.102)	1.209~2.354	—	0.073	12.35%
学工团队氛围	-0.142（-1.257）	-0.363~0.079	2.388	0.132	22.22%
领导的能力	0.322** (3.775)	0.155~0.488	2.591	0.090	15.06%
学院重视程度	0.180 (1.750)	-0.022~0.382	3.448	0.170	28.53%
学习成长	0.170 (1.742)	-0.021~0.360	2.883	0.092	15.47%
学院氛围	0.051 (0.692)	-0.094~0.196	2.619	0.038	6.36%
样本量	75				

续表

	回归系数	95% CI	VIF	R^2	贡献率（%）
R^2	0.595				
调整 R^2	0.566				
F 值	$F\ (5,\ 69) = 20.269,\ p = 0.000$				
因变量：工作积极性					
D-W 值：1.897					
$^*p<0.05\ ^{**}p<0.01$ 括号里面为 t 值					

从上表可知，将学工团队氛围，领导的能力，学院重视程度，学习成长，学院氛围作为自变量，而将工作积极性作为因变量进行线性回归分析，可以看出，模型公式：工作积极性 = 1.781 - 0.142×学工团队氛围 + 0.322×领导的能力 + 0.180×学院重视程度 + 0.170×学习成长 + 0.051×学院氛围，模型 R 方值为 0.595，意味着学工团队氛围，领导的能力，学院重视程度，学习成长，学院氛围可以解释工作积极性的 59.5% 变化原因。对模型进行 F 检验时发现模型通过 F 检验（$F = 20.269$, $p = 0.000 < 0.05$），也即说明学工团队氛围，领导的能力，学院重视程度，学习成长，学院氛围中至少一项会对工作积极性产生影响关系，另外，针对模型的多重共线性进行检验发现，模型中 VIF 值均小于 5，意味着不存在共线性问题；并且 D-W 值在数字 2 附近，因而说明模型不存在自相关性，样本数据之间并没有关联关系，模型较好。最终具体分析可知：

学工团队氛围的回归系数值为 -0.142（$t = -1.257$, $p = 0.213 > 0.05$），意味着学工团队氛围并不会对工作积极性产生影响关系。领导的能力的回归系数值为 0.322（$t = 3.775$, $p = 0.000 < 0.01$），意味着领

导的能力会对工作积极性产生显著的正向影响关系。学院重视程度的回归系数值为 0.180（$t=1.750$，$p=0.085>0.05$），意味着学院重视程度并不会对工作积极性产生影响关系。学习成长的回归系数值为 0.170（$t=1.742$，$p=0.086>0.05$），意味着学习成长并不会对工作积极性产生影响关系。学院氛围的回归系数值为 0.051（$t=0.692$，$p=0.491>0.05$），意味着学院氛围并不会对工作积极性产生影响关系。

三、研究结论

学院维度包括学工团队氛围、领导的能力、学院重视程度、学习成长、学院氛围五项指标，一方面，通过对以上五项指标进行比较显示，就辅导员对学院维度的影响因素的满意度来说，学工团队氛围的平均水平为 3.912，明显高于其他四项的平均水平。这表明各个学院学工团队比较团结、分工合理、团队成员之间相互帮助，整个学校的学工团队氛围也非常好。另一方面，通过多元线性回归分析检验得知，仅有"领导的能力"显著影响辅导员工作积极性，而学工团队氛围、学院重视程度、学习成长、学院氛围不会对辅导员工作积极性产生影响。比如，就目前现状来讲，领导能力也就是副书记能力，这一方面已经得到了辅导员的普遍认可和最高满意度，同时回归结果显示这一指标仍然是影响辅导员队伍工作积极性的重要因素，也就是说，"副书记能力"这一指标继续优化则会进一步提高辅导员工作积极性，如果出现倒退则会降低辅导员工作积极性。对学工团队氛围、学院重视程度、学习成长、学院氛围 4 个指标的满意度也很高，而且回归结果证明此 4 项指标也不会实质影响辅导员工作积极性，即使是这 4 个指标的满意度再降低一些，实际上也不会影响辅导员工作的积极性。因此，上述 4 个指标只要继续保持目前状态即可保持辅导员队伍的工作干劲，当然如果可以继续优化以上指标则也能进一步发挥促进和激励作用。

就描述统计数据对目前现状的显示来看，就学工团队氛围来说，各个学院的学工团队的工作氛围为辅导员工作开展提供了非常好的保障，78.46%的辅导员认为"D1 我所在学院的辅导员团队关系良好，团结互助"、80%的辅导员表示"D4 面对重大或复杂任务时，团队成员会分工协作"、58.46%的辅导员表示"D2 团队成员之间的分工合理，工作量大致相当"、81.54%的辅导员表示"D3 工作遇到困难时，会寻求团队成员帮助并能得到解决"。

就"副书记能力"来说，73.84%的辅导员认为"D6 领导的能力强，得到团队成员认可""D7 领导会主动关心我的生活和工作困难"。

就"学院重视程度"而言，达到了一个很好的互动效果，一方面，约50%的辅导员认为"D10 基于我的技能和经验，学院认为我对学院很重要"，也是带着这样的工作自信认真工作，并得到了很好的效果，60%的辅导员表示"D8 学院领导班子重视辅导员队伍建设"，在上述辅导员自我工作能力强和工作效果好的基础上，学院领导也高度重视学生工作和辅导员队伍建设发展，因此，这也就进一步推动了约51%的辅导员表示"D9 学生工作在学院显示度高"。作为影响辅导员工作开展的学院大氛围来讲，是辅导员工作开展的基础和前提，是辅导员工作是否能够创新的重要因素，"D14 学院生态氛围好，工作有干劲"得到了60%的辅导员的认可。

第七节　个人维度对辅导员职业动力的影响

一、描述统计分析

（一）直观数据

表 3-27　个人维度对辅导员职业动力影响的直观数据

<table>
<tr><th colspan="2">题目/选项</th><th>非常不符合</th><th>比较不符合</th><th>不确定</th><th>比较符合</th><th>非常符合</th></tr>
<tr><td rowspan="6">工作胜任力</td><td>E1 我有良好的政治素质和较高的理论素养</td><td>1
（1.33%）</td><td>1
（1.33%）</td><td>10
（13.33%）</td><td>37
（49.33%）</td><td>26
（34.67%）</td></tr>
<tr><td>E2 我有良好的专业背景知识</td><td>1
（1.33%）</td><td>2
（2.67%）</td><td>14
（18.67%）</td><td>37
（49.33%）</td><td>21
（28.00%）</td></tr>
<tr><td>E3 我觉得个人能力完全胜任工作</td><td>0
（0.00%）</td><td>3
（4.00%）</td><td>4
（5.33%）</td><td>47
（62.67%）</td><td>21
（28.00%）</td></tr>
<tr><td>E4 凭我的技能与经验，我有很多工作机会可以选择</td><td>1
（1.33%）</td><td>5
（6.67%）</td><td>14
（18.67%）</td><td>39
（52.00%）</td><td>16
（21.33%）</td></tr>
<tr><td>E5 我有良好表达能力和沟通技巧，与学生交流顺畅</td><td>0
（0.00%）</td><td>0
（0.00%）</td><td>7
（9.33%）</td><td>41
（54.67%）</td><td>27
（36.00%）</td></tr>
<tr><td>E6 我能合理分配和安排各项工作任务</td><td>0
（0.00%）</td><td>0
（0.00%）</td><td>11
（14.67%）</td><td>38
（50.67%）</td><td>26
（34.67%）</td></tr>
<tr><td rowspan="3">态度动机</td><td>E7 我对辅导员工作有较强的工作兴趣</td><td>3
（4.00%）</td><td>6
（8.00%）</td><td>19
（25.33%）</td><td>30
（40.00%）</td><td>17
（22.67%）</td></tr>
<tr><td>E8 如果有机会重新选择工作岗位，我还会选择当辅导员</td><td>6
（8.00%）</td><td>7
（9.33%）</td><td>20
（26.67%）</td><td>30
（40.00%）</td><td>12
（16.00%）</td></tr>
<tr><td>E9 我很自豪我是一名高校辅导员</td><td>3
（4.00%）</td><td>8
（10.67%）</td><td>21
（28.00%）</td><td>24
（32.00%）</td><td>19
（25.33%）</td></tr>
</table>

续表

	题目/选项	非常不符合	比较不符合	不确定	比较符合	非常符合
工作家庭平衡	E10 家庭的烦恼使我工作时常常心不在焉	18（24.00%）	37（49.33%）	11（14.67%）	7（9.33%）	2（2.67%）
	E11 家庭的支持能使我更全身心地投入工作	2（2.67%）	4（5.33%）	12（16.00%）	35（46.67%）	22（29.33%）
	小计	35（4.24%）	73（8.85%）	143（17.33%）	365（44.24%）	209（25.33%）

（二）箱型图

"个人维度"的整体水平及各题项描述性分析的结果如表 3-28 所示，得分分布如图 3-6 所示。箱型图显示，接受调查的 75 名辅导员总体个人维度及其三个维度得分的中位数趋近于 4，工作胜任力的上四分位数点最大，态度动机的下四分位数点最小。

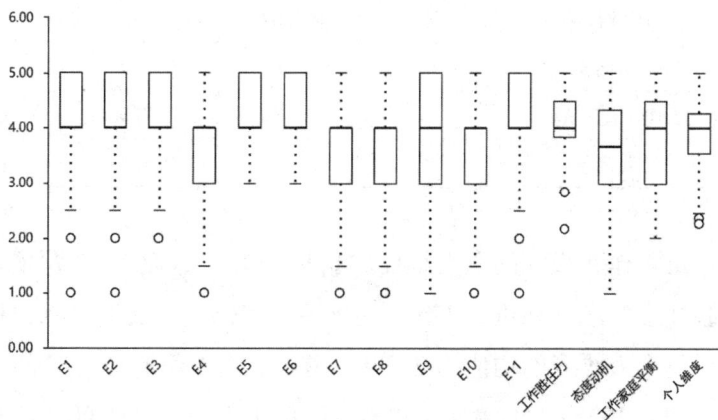

图 3-6 个人维度各题项及整体水平箱型图

（三）描述统计分析

表3-28 个人维度的描述统计分析结果

	名称	样本量	平均值	标准差	中位数
工作胜任力	E1	75	4.147	0.800	4.000
	E2	75	4.000	0.838	4.000
	E3	75	4.147	0.692	4.000
	E4	75	3.853	0.881	4.000
	E5	75	4.267	0.622	4.000
	E6	75	4.200	0.678	4.000
态度动机	E7	75	3.693	1.039	4.000
	E8	75	3.467	1.119	4.000
	E9	75	3.640	1.098	4.000
工作家庭平衡	E10	75	3.827	0.991	4.000
	E11	75	3.947	0.957	4.000
	工作胜任力	75	4.102	0.580	4.000
	态度动机	75	3.600	0.989	3.667
	工作家庭平衡	75	3.887	0.756	4.000
	个人维度	75	3.926	0.567	4.000

　　辅导员工作积极性的个人维度的指标分为三方面11个题项，分别为工作胜任力、态度动机、工作家庭平衡。表3-28数据显示，接受调查的辅导员个人维度的均值为3.926，其中，"工作胜任力"的均值得分最高，为4.102，这说明目前辅导员队伍中大家对个人的能力是十分自信的，个人能力是完全可以胜任辅导员工作的。同时，"工作家庭平衡"的均值数据为3.887，这也说明了辅导员整体队伍中客观的外在保障条件也非常给力，家庭对工作的压力和影响都比较小，这将能保障辅导员有更好的精力和时间全身心地投入工作状态中。与上述两个指标相

对应而言，"态度动机"均值得分为 3.600，其实这个均值的得分不低，辅导员队伍中对从事辅导员工作的兴趣和动机都比较浓厚，只是就从事辅导员工作的高质量要求，客观条件方面的个人能力和工作家庭平衡而言，作为"态度动机"的主观条件相对得分低一些，但在实质上整个队伍的状态和精神面貌还是比较好的。

在 11 个题项中，各题项分值从 3.467 到 4.267 进行波动，其中得分最高为"工作胜任力"指标中的"E5 我有良好表达能力和沟通技巧，与学生交流顺畅"，这也再次说明了辅导员在工作能力的自信状态；与得分最高的指标截然相反的是"态度动机"中的"E8 如果有机会重新选择工作岗位，我还会选择当辅导员"，得分为 3.467。一般而言，大家都是愿意从事自己比较胜任的工作，因为工作能力的自信和底气将为工作的顺利开展提供坚定的基础，而辅导员这一职业却显示，整个队伍是有非常扎实和自信的工作能力，而主观上却没有与能力相匹配的强烈的职业认同感和职业动力，这种能力和态度的"偏差"错位的原因应是我们探究的重点，以便更好地将辅导员的职业动力调动起来，让辅导员不仅"能干""会干"，而且是"愿意干"，使得能力和态度同频共振，确保辅导员整个队伍的工作状态、精神面貌、工作能力都能得到充分发挥。

二、多元回归分析

表 3-29 个人维度对工作积极性的影响

	回归系数	95% CI	VIF	R²	贡献率（%）
常数	0.817 (1.809)	-0.068~1.702	–	0.029	5.18%
工作胜任力	0.135 (1.197)	-0.086~0.357	1.289	0.297	53.00%

续表

	回归系数	95% CI	VIF	R^2	贡献率（%）
态度动机	0.415** (6.123)	0.282~0.548	1.346	0.154	27.49%
工作家庭平衡	0.249** (2.991)	0.086~0.411	1.182	0.080	14.32%
样本量	75				
R^2	0.561				
调整 R^2	0.543				
F 值	F (3, 71) = 30.294, p = 0.000				
因变量：工作积极性			—	—
D-W 值：1.606			—	—
— *p<0.05 **p<0.01 括号里面为 t 值			—	—

从上表可知，将工作胜任力，态度动机，工作家庭平衡作为自变量，而将工作积极性作为因变量进行线性回归分析，可以看出，模型公式：工作积极性 = 0.817+0.135×工作胜任力+0.415×态度动机+0.249×工作家庭平衡，模型 R 方值为 0.561，意味着工作胜任力，态度动机，工作家庭平衡可以解释工作积极性的56.1%变化原因。对模型进行 F 检验时发现模型通过 F 检验（F = 30.294，p = 0.000<0.05），也即说明工作胜任力，态度动机，工作家庭平衡中至少一项会对工作积极性产生影响关系，另外，针对模型的多重共线性进行检验发现，模型中 VIF 值均小于 5，意味着不存在共线性问题；并且 D-W 值在数字 2 附近，因而说明模型不存在自相关性，样本数据之间并没有关联关系，模型较好。最终具体分析可知：

工作胜任力的回归系数值为 0.135（t = 1.197，p = 0.235>0.05），

意味着工作胜任力并不会对工作积极性产生影响关系。态度动机的回归系数值为 0.415 （$t=6.123$，$p=0.000<0.01$），意味着态度动机会对工作积极性产生显著的正向影响关系。工作家庭平衡的回归系数值为 0.249 （$t=2.991$，$p=0.004<0.01$），意味着工作家庭平衡会对工作积极性产生显著的正向影响关系。

三、研究结论

学校维度包括工作胜任力、态度动机、工作家庭平衡三个指标，对三个指标进行比较，一方面，就辅导员对个人维度因素的满意度来说，工作胜任力的得分平均水平为 4.102，其次为工作家庭平衡和态度动机。这说明辅导员对自身的工作能力都是比较自信的，认为自己完全有能力合理分配和安排各项工作，与之对应的是家庭压力和个人对工作的兴趣态度相对较弱，因此，高校对个人维度要素的优化措施的工作重点应该聚焦于探究辅导员对工作的态度和热情为何弱，应该致力于提高辅导员队伍的工作热情，以此来和工作能力的自信达到互动状态，实现能力的"会干"和态度上的"愿意干"的相匹配。另一方面，通过多元线性回归分析检验得知，仅有态度动机的主观因素和工作家庭能否平衡的客观因素是真正影响辅导员工作积极性的原因。从以上描述统计和多元回归分析的进一步对比可知，虽然辅导员的"工作胜任力"自我评价比较高，完全可以满足辅导员工作需求，但这一因素并不是影响辅导员工作积极性的实质原因，这也说明了辅导员队伍的选拔入口、入职之后的培训以及在工作岗位上的锻炼等过程都很好地提升了辅导员的职业能力，为辅导员工作的顺利开展奠定了坚强基础。"工作家庭平衡"方面，数据显示目前辅导员队伍的家庭情况不会影响工作开展，对自身家庭支持系统也比较满意，但同时数据显示"工作家庭平衡"是影响辅导员工作积极性的实质要素，此类目前情况比较好但是后续变化又会实质影响辅导员工作积极性的要素，这就需要我们高度重视，因此，一旦工作和家庭的平衡被打破，家庭压力的增大影响到工作，那么作为个体的辅导员的工作积极性将受到影响。因此，工作的重点便是继续保证和维持辅导员在目前的状态，当然如果有可能，可以继续优化这方面的优势，以此来进一步推动辅导员工作的开展。而"态度动机"，不仅目前的数据显示辅导员对辅导员工作的兴趣和热情需要进一步提高，而且这一因素也的确是影响工作积极性的实质性因素，这也就表明"工作态度"是目前正在影响辅导员工作积极性的原因之一，这类要素是我们目前工作的重中之重，也是急需解决的问题。因此，我们要探究：在毕业时大家坚定选择了辅导员这一职业，但是经过几年的职业生涯，是哪些因素影响了辅导员工作的热情和激情？这些因素的明确和改进将能进一步推动辅导员工作积极地开展。

从描述统计数据对目前现状的显示来看，就"工作胜任力"而言，90.77%的辅导员选择了"E3 我觉得个人能力完全胜任工作"。一方面，这种工作自信来源于以下两个因素："E1 我有良好的政治素质和较高的理论素养"（占比83.08%）和"E2 我有良好的专业背景知识"（占比76.92%）。另一方面，这种工作自信体现在工作实践中可以表现为以下两方面：87.70%的辅导员选择了"E6 我能合理分配和安排各项工作任务"、90.77%的辅导员表示"E5 我有良好表达能力和沟通技巧，与学生交流顺畅"。以上工作自信，以及自信的原因和表现都能强有力地证明目前辅导员队伍较强的工作能力，这种工作能力的自信和优势也能产生另外一个（现在比较普遍）现象，那就是"转岗"，"逢优则转"成为队伍建设的常态，过渡性、年轻化、流动性已然成为岗位特征，这严重阻断了辅导员队伍的专业化发展。[①] 诚然，合理的人员流动能够使辅导员队伍充满生机和活力，但就具体行业来说，优秀者应是在该岗位内向更高级别晋升，而非转岗离开本岗位。目前，在党和国家对高校思想政治工作高期待和辅导员队伍低稳定的情况下，高校不应鼓励辅导员转岗，而要搭建辅导员作用发挥的平台，以此激励辅导员长期从事学生工作，实现自我价值和职业高峰。调查数据也清晰显示了辅导员可以以及愿意"转岗"的总体情况，78.46%的辅导员选择了"E4 凭我的技能与经验，我有很多工作机会可以选择"。

就"工作家庭平衡"而言，目前辅导员队伍的家庭支持系统比较好，为辅导员工作的开展提供了强有力的支持。74.00%的辅导员在"E10 家庭的烦恼使我工作时常常心不在焉"题项中选择了没有此类情况，74.00%的辅导员选择了"E11 家庭的支持能使我更全身心地投入工作"。进一步分析来看，从应然的角度，就子女情况而言，整个辅导员队伍大部分辅导员已有子女，有 1 个子女和 2 个子女的分别为38.67%、22.67%，总占比达 61.34%。但从实然的客观实际情况来说，这样的总体家庭情况其实很难不对工作产生一定影响，但是恰恰相反，调查数据显示，将近80%的辅导员表示不受家庭影响，能够全身心投入工作。以上应然的"影响工作"和实然的"不影响工作"可以体现出辅导员在家庭和工作平衡中做的努力和付出，如减少对家庭的投入、挤压个人中午或者晚上的休息时间来处理工作等，以此来保证工作效率，这也在一定程度上反映了辅导员的工作干劲。

就"态度动机"而言，相比上述两个指标中显示的较强的工作能

---

① 顾永东，袁瑜. 高校辅导员工作效能的需求响应激励机制构建：一项基于扎根理论的探索性研究［J］. 江苏高教，2020（12）：113-117；李友富. 高校辅导员队伍专业化职业化建设策略研究［J］. 思想教育研究，2019（3）：123-127；杨智勇. 高校辅导员"双线"晋升的现实制约与解决路径［J］. 思想理论教育，2020（12）：107-111.

力和工作干劲，对辅导员工作的兴趣和态度的数据相对较低，58.46%的辅导员选择"E9 我很自豪我是一名高校辅导员"，同时，选择"E7我对辅导员工作有较强的工作兴趣"的占比66.16%。就职业的认同感而言，仅有56.93%的辅导员选择"E8 如果有机会重新选择工作岗位，我还会选择当辅导员"。

第八节 辅导员职业动力影响因素之间的相关性检验

一、辅导员工作积极性影响因素相关性检验

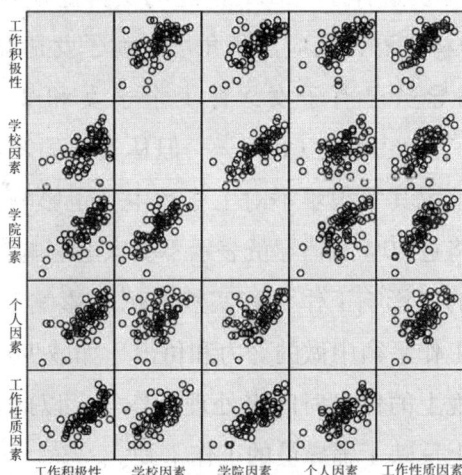

图3-7 辅导员工作积极性影响因素散点矩阵图

散点图矩阵显示，辅导员工作积极性与学校维度、学院维度、个人维度、工作性质维度各要素间均呈现较强的正相关。在学校维度方面，随着学校维度各要素的加强，如职业发展、能力培训和考核激励等措施

的进一步完善，辅导员的工作积极性呈现出一定的正相关关系。如此类推，学院维度、个人维度、工作性质维度各要素之间的进一步优化，或者说根据目前调查数据结果的进一步提高，带来的结果是辅导员工作积极性呈现正比提升，也就是工作积极性的提高。这也就说明以上四个维度作为自变量，辅导员工作积极性作为因变量，自变量提高的同时伴随着因变量的提高。

表3-30 辅导员工作积极性影响因素相关性检验

因　素	工作积极性
学校维度	0.569**
学院维度	0.717**
个人维度	0.694**
工作性质维度	0.750**
*$p<0.05$　**$p<0.01$	

从上表可知，利用相关分析去研究辅导员工作积极性分别和学校维度、学院维度、个人维度、工作性质维度4项之间的相关关系，使用Pearson相关系数去表示相关关系的强弱情况。具体分析可知：辅导员工作积极性和学校维度之间的相关系数值为0.569，并且呈现出0.01水平的显著性，因而说明工作积极性和学校维度之间有着显著的正相关关系。辅导员工作积极性和学院维度之间的相关系数值为0.717，并且呈现出0.01水平的显著性，因而说明工作积极性和学院维度之间有着显著的正相关关系。辅导员工作积极性和个人维度之间的相关系数值为0.694，并且呈现出0.01水平的显著性，因而说明工作积极性和个人维度之间有着显著的正相关关系。辅导员工作积极性和工作性质维度之间的相关系数值为0.750，并且呈现出0.01水平的显著性，因而说明工作

积极性和工作性质因素之间有着显著的正相关关系。

二、辅导员工作积极性四大影响维度的相关性检验

表 3-31 辅导员工作积极性的回归分析（模型 2）

	回归系数	95% CI	VIF
常数	−0.174（−0.323）	−1.234~0.885	—
工作性质因素	0.376**（2.871）	0.119~0.632	2.995
学院因素	0.240*（2.220）	0.028~0.452	2.982
个人因素	0.460**（4.000）	0.234~0.685	1.712
学校因素	0.140*（2.390）	0.021~0.423	2.136
性别	0.070（0.540）	−0.185~0.325	1.160
学历	0.034（0.360）	−0.149~0.216	1.264
年龄	−0.082（−1.116）	−0.227~0.062	1.522
样本量	75		
R^2	0.693		
调整 R^2	0.661		
F 值	$F_{(7, 67)} = 21.580$, $p = 0.000$		
因变量：工作积极性			
D-W 值：1.968			
*$p<0.05$ **$p<0.01$ 括号里面为 t 值			

从表 3-31 可知，将工作性质因素，学院因素，个人因素，学校因

素，性别，学历，年龄作为自变量，而将工作积极性作为因变量进行线性回归分析，为避免过多的变量造成多重共线，使得模型失效，本研究只引入部分基础信息变量。从上表可以看出，模型 2 公式：工作积极性 $= -0.174 + 0.376 \times$ 工作性质因素 $+ 0.240 \times$ 学院因素 $+ 0.460 \times$ 个人因素 $+ 0.140 \times$ 学校因素 $+ 0.070 \times$ 性别 $+ 0.034 \times$ 学历 $- 0.082 \times$ 年龄，模型 R 方值为 0.693，意味着工作性质因素，学院因素，个人因素，学校因素，性别，学历，年龄可以解释工作积极性的 69.3% 变化原因。对模型进行 F 检验时发现模型通过 F 检验（$F = 21.580$，$p = 0.000 < 0.05$），也即说明工作性质因素，学院因素，个人因素，学校因素，性别，学历，年龄中至少一项会对工作积极性产生影响关系，另外，针对模型的多重共线性进行检验发现，模型中 VIF 值均小于 5，意味着不存在共线性问题；并且 D-W 值在数字 2 附近，因而说明模型不存在自相关性，样本数据之间并没有关联关系，模型较好。最终具体分析可知：

工作性质因素的回归系数值为 0.376（$t = 2.871$，$p = 0.005 < 0.01$），意味着工作性质因素会对工作积极性产生显著的正向影响关系，即工作性质因素的得分每增加 1 个单位，工作积极性的平均得分增加 0.376。

学院因素的回归系数值为 0.240（$t = 2.220$，$p = 0.030 < 0.05$），意味着学院因素会对工作积极性产生显著的正向影响关系，即学院因素的得分每增加 1 个单位，工作积极性的平均得分增加 0.240。

个人因素的回归系数值为 0.460（$t = 4.000$，$p = 0.000 < 0.01$），意味着个人因素会对工作积极性产生显著的正向影响关系，即个人因素的得分每增加 1 个单位，工作积极性的平均得分增加 0.460。

学校因素的回归系数值为 0.140（$t = 2.220$，$p = 0.030 < 0.05$），意味着学校因素会对工作积极性产生显著的正向影响关系，即学校因素的得分每增加 1 个单位，工作积极性的平均得分增加 0.140。

由此可得出规律：四大因素皆为正向影响；影响程度为个人 > 工作

性质>学院>学校。

性别的回归系数值为 0.070（$t=0.540$, $p=0.591>0.05$），意味着性别并不会对工作积极性产生影响关系。

学历的回归系数值为 0.034（$t=0.360$, $p=0.720>0.05$），意味着学历并不会对工作积极性产生影响关系。

年龄的回归系数值为 -0.082（$t=-1.116$, $p=0.268>0.05$），意味着年龄并不会对工作积极性产生影响关系。

总结分析可知：工作性质因素、学院因素、个人因素、学校因素会对工作积极性产生显著的正向影响关系。但是性别、学历、年龄并不会对工作积极性产生影响关系。

三、四大维度之间的影响程度

通过多元线性回归分析检验得知，四大维度皆对工作积极性产生显著的正向影响关系，相较而言，影响程度的排序如下：个人维度>工作性质维度>学院维度>学校维度。

第四章

新时代高校专职辅导员职业动力激励机制的研究结论与对策建议

本研究发现辅导员个人维度的不同性别、学历、专业背景，尤其是职业情感和成就感等因素对工作积极性有显著影响，辅导员所从事的辅导员行业本身工作性质，以及所在的学院和大环境学校都会对辅导员工作状态产生影响。同时，新时代专职辅导员对各项激励因素的满意程度都有提高的空间，这说明当前高校对辅导员的激励问题的重视程度和认识不足。同时，对辅导员工作积极性的培养和提升是一项系统工程，需要国家、社会、高校、辅导员自身的合力构建，本章根据辅导员工作积极性的现状及问题，从国家、高校、学院、辅导员个体四个层面提出辅导员队伍长效激励机制，这对提升辅导员个体职业能力，对辅导员队伍建设和人才培养具有积极长远意义。

为进一步推动课题组提出的研究对策与辅导员自身需求相匹配，问卷设计了和实证结果对应的优化措施的调查。通过下表可知，高校专职辅导员对各项措施的需求度排序中，"健全薪酬福利激励体制""建立科学的发展机制和拓展发展平台""加强自我学习，促进个人能力提升""进行职业规划，提高专业技能"等排在前四位，这表明，高校专职辅导员对外调适途径与内在调适途径的需求程度均高，其中对学院、学校等外在的优化途径相对更高。总体来看，高校专职辅导员更加倾向于外界能够提供更多的激励和调适措施，研究结合调查数据、访谈内容，有针对性地提出国家政策保障、学校制度落实、学院精细化管理等方面的外在激励措施。从高校专职辅导员自身出发，提出加强职业信念和提升专业技能等自我提升途径。

表4-1　高校专职辅导员对各项措施的需求度

题目/选项	非常不符合	比较不符合	不确定	比较符合	非常符合	总得分
F1 科学定位辅导员的职责和角色，减轻工作压力	1（1.33%）	0（0%）	5（6.67%）	31（41.33%）	38（50.67%）	0.92
F2 完善制度，建立科学的发展机制和拓展发展平台	0（0.00%）	0（0.00%）	4（5.33%）	31（41.33%）	40（53.33%）	0.95
F3 加大正面宣传，提高辅导员的职业威望	0（0.00%）	2（2.67%）	7（9.33%）	27（36.00%）	39（52.00%）	0.88
F4 健全薪酬福利激励体制，调动工作积极性	0（0.00%）	0（0.00%）	2（2.67%）	22（29.33%）	51（68.00%）	0.97
F5 辅导员的晋升机制能够更加符合辅导员工作实际	0（0.00%）	2（2.67%）	5（6.67%）	26（34.67%）	42（56.00%）	0.91
F6 建立分层分类的学习培训体系，提升业务水平	0（0.00%）	1（1.33%）	7（9.33%）	26（34.67%）	41（54.67%）	0.89
F7 调整心态，进一步坚定职业信念	0（0.00%）	1（1.33%）	10（13.33%）	30（40.00%）	34（45.33%）	0.85

题目/选项	非常不符合	比较不符合	不确定	比较符合	非常符合	总得分
F8 加强自我学习，促进个人能力提升	0 （0.00%）	1 （1.33%）	3 （4.00%）	32 （42.67%）	39 （52.00%）	0.95
F9 进行职业规划，提高专业技能	0 （0.00%）	1 （1.33%）	2 （2.67%）	34 （45.33%）	38 （50.67%）	0.96
F10 加强辅导员队伍沟通交流，增强归属感	2 （2.67%）	0 （0.00%）	6 （8.00%）	28 （37.33%）	39 （52.00%）	0.89
小计	3 （0.40%）	8 （1.07%）	51 （6.80%）	287 （38.27%）	401 （53.47%）	

第一节 国家完善制度保障体系

"系统完备、科学有效的规章制度在辅导员队伍建设中往往更具根本性、基础性和稳定性。"[1] 国家层面的制度设计是对辅导员队伍建设的宏观指导，是辅导员队伍建设的政治保障，是明确辅导员职业身份，认可辅导员社会地位的重要依据。制度具有全局性、稳定性，管根本、管长远，不仅是一项系统工程，也是一项基础工程。制度保障关系着辅导员队伍建设，要构建覆盖辅导员角色定位、标准体系等全方位、多角度、立体化的保障制度，为高校专职辅导员发展提供制度保障，逐步明

---

[1] 王海宁.高校辅导员队伍专业化职业化建设的现实审视与优化路径：基于全国4000余名高校辅导员的问卷调查［J］.思想教育研究，2020（12）：152.

确角色定位、明晰角色规范、引导角色认同，推动高校专职辅导员队伍建设进入制度化的轨道。

一、重视政策的出台是前提

党和国家制定的关于高校辅导员队伍建设的相关政策和制度是我国辅导员队伍建设的重要政策依据和制度保障。改革开放以来，党和国家根据时代的变化、党和国家的育人目标、辅导员队伍变化情况等，陆续制定和更新了一系列政策文件，为我国辅导员队伍建设提供了重要的政策引领和制度保障。目前，在国家层面上，教育部思政司牵头负责全国高校辅导员队伍建设，开展了大量辅导员队伍建设的指导、监督工作，为高校辅导员队伍建设做出了重要作用。与国家层面的教育相对应的下级机构，主要是各省、自治区、直辖市高等教育主管部门下设的学生工作部或宣教处，负责指导、监督和向国家反馈高校辅导员队伍建设执行落实情况等职责。"教育部是高校辅导员队伍建设的政策制定和监督指导的最高领导层，具体负责制定高校辅导员队伍建设的宏观政策，密切关注和监督地方和高校辅导员队伍建设实施进展情况，及时掌握并解决高校辅导员队伍建设中存在的突出问题，着力在全国范围内营造尊重辅导员队伍劳动价值和社会地位的社会氛围，为基层辅导员队伍建设提供指导与服务。"① 新形势下，2017 年教育部 43 号令的出台、教师与学生 1：200 规定的出台、班主任代班津贴的发放等各项国家政策的出台，都为新时代高校辅导员自身发展指明了新方向，这不仅代表党和国家表达了对辅导员的关切，更为辅导员的发展提出了具体可操作性的方法策略。因此，新时代，党、国家和高校要进一步高度重视高校大学生思想

---

① 柏杨. 改革开放以来高校辅导员队伍建设研究 ［M］. 成都：西南交通大学出版社，2018：85.

政治教育和辅导员队伍建设，将"抓辅导员队伍建设就是抓接班人建设"的思想意识贯穿于高校人才培养和各项工作实际中。尤其是目前国内各高校正全面开展"双一流"建设，"双一流"建设对高校辅导员工作质量提升提出了更高要求，对辅导员的政治站位和价值目标提出了更高的要求。"双一流"建设的系统工程中，一流的管理队伍和辅导员队伍必然也应该是其中的一环，因此，高校也必须对高校辅导员队伍在"双一流"建设中的时代责任与重要意义有充分的认识，通过"双一流"建设系统工程的推进，制定与之匹配的辅导员队伍激励机制，以此激发辅导员队伍与国家和高校同向前行。

二、注重政策的精准性是重点

国家在不同阶段制定了不同的政策和制度，指导各高校有效开展辅导员队伍建设，提升辅导员职业能力，推动辅导员职业化、专业化、专家化建设。辅导员队伍建设方面制度的不断完善是提高辅导员职业动力的重要保障，只有从制度建设和出台方面明确规定对辅导员的保障政策，国家、地方和各高校才能依据政策规定不断落实和完善、细化制度的落地实施。同时，制度和政策能够发挥作用的前提便是政策和制度是可实施的、可参照执行的，只有这样才能真正保证政策初衷在实践中发挥正确的导向作用。但是，就实际来讲，出台的部分政策和制度还不能精准地反映辅导员工作现状，政策在落地实施中缺乏实际的步骤和措施、考核等参考标准，可行性和操作性都与现实情况出现偏差。比如，国家出台的《高等学校辅导员职业能力标准（暂行）》，有学者指出："《职业能力标准》中对辅导员的确做了初级、中级、高级的划分，这是对辅导员的一种绩效激励，但其他的薪酬福利待遇并没有在文件中得以显现，而且如何经过考核、怎样考核才能升到相应的级别、如何得到与那个级别相应的待遇也没有表现。"① 因此，不仅要加大对政策、制度的制定力度，突出国家对辅导员队伍重视的导向作用，而且要注意制定的制度、政策的精准性，保证政策可实施、可落地，同时要明确对政策未实施而将承担的后果等，这样不仅发挥政策的正向激励作用，而且可以对高校产生负向激励的压力，由此保证政策真正发挥政策红利对辅导员队伍建设的重要作用。

三、强化政策的落实评估是关键

制度建设是一个制定、执行并在实践中检验和完善的动态过程，因此，制度制定和颁布之后，重中之重就是保证制度的执行力度，新制度出台后，要有督促、有检查、有评估、有反馈，加强督促和检查，确保落实生效，真正做到有章可循、有章必循、循章必严，以此保证制度在辅导员队伍建设中发挥导向、保障和激励作用。

加强对高校基层辅导员队伍建设的指导和监督是新时期高校辅导员队伍建设的关键环节和重要保障。尽管国家从顶层设计制定了很多关于辅导员队伍职业化、专业化、专家化建设的各类制度和政策，各级政府也同步制定了各类辅导员队伍建设的配套制度。但各类政策制度在学校层面的落地实施不全面、不彻底、不符合实际。因此，要努力破解辅导员队伍建设国家政策制定和高校有效实施之间的矛盾，要从国家层面做出监督和评估的制度安排。第一，在制度制定中，就将制度的落实和评估作为制度本身的一部分内容明确写进去，同时要详细告知制度落实和评估的时间、步骤、方法和奖惩措施等细节，真正督促各高校进行主动落实。第二，在制度出台后，要严格按照制度中的明确要求定期、定时

---

① 周佳，马巧玲.《职业能力标准》导向下的高校辅导员激励机制研究［J］. 黑龙江高教研究，2017（1）：107.

进行评估各高校落实情况，按照维度指标和结果有效性建立辅导员队伍建设评价体系，对未有效实施国家政策和制度的高校实施预警和整改安排。第三，在定期评估之后，要发挥评估结果对各高校的导向作用，要发挥制度的正激励和"负激励"作用，对落实辅导员队伍建设国家政策较好的高校实施奖励制度，在辅导员培优、课题申报、学生工作项目申报等方面给予倾斜和支持，并开展高校之间的经验交流会，让积极落实的高校介绍经验，重点分析落实过程中发现的问题，以便进一步做到制度的拾遗补缺，做到制度的进一步修改、补充、完善，以实现制度建设对辅导员队伍建设的切实有效性。同时，对落实制度不理想的高校，也要进行惩罚机制，督促克服困难积极推进落实，以便真正发挥制度的政策红利。

第二节　学校推动制度落实落细

"党和国家关于辅导员职业化专业化的文件规定和政策供给已基本完备，现在的关键是落实，而落实的关键是高校。"[①] 制度的根本在于执行，制定的根本目标在于为高校专职辅导员发展提供制度保障，逐步明确角色定位、明晰角色规范、引导角色认同，让相关制度在高校专职辅导员队伍建设中落地生根、开花结果，推动高校专职辅导员队伍建设进入法律化、制度化的轨道。对高校而言，高校肩负着对国家的政策进行具体的组织实施及对辅导员进行培养考核的任务，简单说就是高校选拔、培养、考核辅导员及构建辅导员建设管理由内而外全面细致的培

---

① 朱平．辅导员在高校"三全育人"中的角色与定位：兼论"育人"的特点与功能［J］．思想理论教育，2020（3）：86-91．

养、评价、管理、考核体系，真正提高辅导员的工作满意度，进而提高辅导员的工作绩效。目前，虽然高校制定了很多关于辅导员的支持政策，但是在实施上效果有一定差距。如教育部制定了详细的辅导员职业能力标准，但各高校在实际操作中并未有效实施辅导员职业能力标准，因此获得高级职称的辅导员在实际工作中发挥的影响和示范作用并不显著；双线晋升政策 2004 年提出以来，仍有部分高校没有落实或落实不佳，这严重影响了辅导员队伍建设的质量。因此，"高校作为政策执行的责任主体，要设法把各方动力聚拢起来并转化为领导者的决策动力，强化辅导员的育人主责，给辅导员减负，成为推进高校辅导员队伍专业化建设最直接、最稳定、最持恒的动力"[①]。

一、合理定位辅导员的职责和角色

调研显示，在影响辅导员工作积极性的"辅导员工作本身维度"的五个指标中，辅导员对"工作强度"的满意度和认可度是最低的，相比工作定位、工作价值、工作前景、工作成就，辅导员普遍认为日前辅导员工作的工作内容和工作强度非常大。84.62% 的辅导员表示"白加黑、5+2、24 小时开机是我的工作常态"、69.23% 的辅导员表示"上面千条线，下面一根针，与学生相关的工作最终落到我身上"。教育部 24 号令和 43 号令中强调辅导员工作职责主要有思想理论教育和价值引领、党团和班级建设、学风建设、学生日常事务管理、心理健康教育、网络思想政治教育、校园危机事件应对、职业规划和就业创业指导以及理论和实践研究等方面。而在日常的辅导员实际工作中，以上方方面面的过程中还涉及其他职能部门共同的工作，如果没有对辅导员岗位职责

---

① 朱平，李永山. 高校辅导员专业化的动阻力分析与推进策略：基于高校政策执行视角的分析 [J]. 思想理论教育，2022（5）：100.

进行明确，很容易在具体工作开展的过程中，由于职责划分不清，辅导员职责泛化，容易沦为接受多头指挥的"办事员"。

而这一高强度的工作内容和节奏伴随的更严重的后果是辅导员角色定位的模糊，或者说即使很清晰，但是由于时间精力的难以满足也很难做到主责主业。33.85%的辅导员表示"不能清晰地认知辅导员的职业角色"、25.32%的辅导员认为"事务管理工作烦琐，价值引领工作难以落实"。角色的明确是高校辅导员职业能力建设的关键前提。"辅导员是大学生思想教育工作的指导者，不仅是高校教师的一员，还是高校学生工作的管理者。从政策上看，这是对辅导员的一种显性福利，但是在实际中却会陷入一种尴尬。"① 高校辅导员具有思想政治教师和管理干部的双重身份，对应的是管理工作和思想引领育人的双重作用。在这两种工作中，价值引领始终是辅导员工作的根本和核心，然而，大多数高校的辅导员被琐碎的事务性和管理工作占据了绝大部分精力，对大学生的思想政治教育和价值引领需要深入细致地交流，只有有效交流获得学生的认可和信任才能保证大学生思想政治教育取得成效。在这一过程中，辅导员也会在这种重复性的管理工作中产生对工作定位和价值的质疑，长期缺乏共同的职业认同的情况下，辅导员容易出现职业倦怠，从而极大地影响其工作积极性和工作成效。

因此，在高校内部，尤其是各高校的党委学工部从实践层面梳理清楚辅导员的岗位设定、职责规范、权利和义务等相关内容，以确保权责匹配，形成辅导员队伍明确的岗位职责和角色定位，并在全校范围内形成合理的共识，不仅让辅导员自己能够厘清自己工作的主责主业，而且也能避免辅导员可以被各部门应急工作的重要抓手的局面，真正改变一

① 周佳，马巧玲.《职业能力标准》导向下的高校辅导员激励机制研究 [J]. 黑龙江高教研究，2017（1）：107.

旦有学生就要有辅导员，这是解决辅导员角色不清、职责不明、定位不准的前提条件，从而减轻辅导员承担的大量职责范围之外的责任和压力。

二、科学建立教育培训体系

持续不断地科学教育培训体系是全面提升辅导员职业能力的重要举措，对提高辅导员工作能力、提升辅导员职业信心，从而激发辅导员职业动力有重要作用。因此，应对辅导员职业培训模式进行全面优化，采取多种形式和渠道开展素质培训，不断提升辅导员综合素质。

首先，提升培训内容的针对性。培训主题的确定要做到"供给侧"和"需求侧"的匹配，要根据辅导员在工作开展过程中的实际需求，确定培训主题和内容，为更好地掌握辅导员的实际需求，可以在学期初用问卷调查的方式了解大家急需的培训内容，并制订整体计划；同时不定期地进行问卷调查摸清辅导员需求，随时调整培训的相关安排。尤其是加强辅导员情绪管理和疏导类的培训，"繁重事务工作和职业压力之下的辅导员，普遍存在情绪超负荷和心理疲劳等问题，一定程度上影响到了这支队伍的身心状态和工作行为"[1]。

其次，创新培训形式。辅导员工作的特点更多的在于处理日常学生事务，而处理的技巧尤其重要，而这些技巧又因人而异、相对零散，因此，针对辅导员工作特点的特殊性，普遍采用讲座式的培训，对辅导员来说缺乏一定的吸引性和实效性。针对以上，建议部分培训形式可以调整为座谈会、茶话会和沙龙的形式，每次培训设定一个主题，辅导员根据自己工作过程中遇到的各种案例分享自身的处理过程、技巧，以及提

---

① 闻羽. 情绪劳动对高校辅导员主动关爱行为的影响探析 [J]. 思想教育研究，2023 (9)：136.

出自己的难点，让参会辅导员进行自由轻松的交流和沟通，增强培训的趣味性和实效性，这种形式不仅能改善培训会议的庄重性，让辅导员感觉到放松，而且能够在轻松的氛围内获得非常有用的处理工作技巧，而且能增加辅导员之间的交流和认识，提高队伍的凝聚力。

再次，精选培训主体。辅导员的工作具有明显的实践性，一线学生工作的经验积累是决定辅导员优秀与否的关键，这也就决定了辅导员培训更应该产生于辅导员队伍之中，让负责就业、学业、危机处理等某一领域的"辅导员专家"根据自己学院情况和工作实际来进行经验分享。辅导员自己来讲，不仅能拉近参会人员的关系，而且讲授者本人在讲授过程中也更能抓住听者的需求，更好地产生互动。同时，要加强高校辅导员培训的师资队伍建设，将经常从事辅导员培训工作相关学科知名专家建立相对稳定的辅导员培训专家库，从而保证专家长期关注辅导员队伍建设和学生工作进展，以便持续动态性更新知识体系，与时俱进地融入辅导员工作相关培训的前沿成果，建设合理的辅导员培训人才梯队。

最后，细分培训对象。不同阶段的辅导员对内容有不同的需求，要根据辅导员的工作年限、工作内容和岗位要求，确定培训重点，"尝试按照施恩职业发展运动形式理论，根据基本能力模块、核心能力模块、专业能力模块和迁移能力模块四个能力模块，开展模块化培养"①。在横向注重培训内容模块化的前提下，同时也要纵向的形成一体化的培训内容，"要根据辅导员专业化发展阶段性需求，分次、分类别地靶向引入系统培训课程资源，有效解决辅导员专业化建设过程中的突出问题"②。

---

① 龚伟，张正光. 高校辅导员职业认同机制建构：基于施恩职业发展运动形式理论的视角 [J]. 思想理论教育，2017（2）：101-106.
② 盛春. 新时代高校辅导员队伍专业化建设路径探析 [J]. 江苏高教，2020（12）：121.

三、积极畅通晋升发展渠道

因职业晋升发展前景不明引起的辅导员队伍职业倦怠和人员流失是亟待解决的问题之一，[①] 双线晋升政策作为推进高校辅导员队伍职业化专业化专家化建设的关键着力点和落脚点，是确保辅导员队伍可持续发展的必要条件，直接影响新时代高校思想政治工作效果。然而，该政策在各高校落实情况依然不够理想，政策对辅导员的激励作用并没有得到很好发挥。因此，要着眼于解决双线晋升政策执行过程中存在的重点难点问题，强化落实，把政策的含金量充分展示出来，真正让辅导员享受政策红利。双线晋升政策在实施过程中遇到的困难和挑战主要受制于高校对政策的思想认识状况和具体实践操作，以及辅导员自身的工作特性和专业特点所带来的政策执行问题。[②] 这就需要借助教育改革机遇的考核压力提升高校对政策执行的认知度、辅导员通过自身努力提高与政策的匹配程度、进一步优化晋升制度细节提升政策执行力度，真正推动双线晋升的落地实施。

第一，借力新时代教育改革机遇，促进政策制度化。通过考核传导压力，是提高对政策认同和推动政策落实的有力举措。新时代，全国高校思想政治工作会、全国教育大会、思政课教师座谈会等给高校思想政治工作提供了前所未有的机遇，与此同时，"双一流"建设、第五轮学科评估增设和处于首位的"思想政治教育特色和成效"、《总体方案》的立德树人根本任务，这些也给高校思想政治工作提出了更高要求和压

---

① 冯刚 . 持续推进高校辅导员队伍专业化职业化建设 [J]. 高校辅导员，2020（3）；王显芳，任振才，亓雅才 . 新时代高校辅导员队伍专业化发展的理论逻辑和现实路径 [J]. 思想教育研究，2019（4）.

② 刘健康 . 高校辅导员职称评审需要平衡三对矛盾冲突 [J]. 高校辅导员，2020（5）：52-55.

力。"解决好工作重点和评价指标'两张皮'的问题，一个重大举措就是把思政工作纳入学科评估和'双一流'建设任务中去，让育人的意识落实到各环节、各方面、各领域。"① 因此，主管辅导员队伍建设的部门应借助新时代党和国家对高校思想政治工作的重视和大力推进，进一步发挥学科评估、教育评价改革的杠杆作用，积极推动辅导员队伍建设纳入高校教育改革评价标准中，推进高校将辅导员双线晋升政策纳入人才队伍建设和人事制度改革，倒逼高校持续推进政策的落实完善，从而推动辅导员队伍建设从高校改革发展"软指标"成为"硬约束"、由"自在状态"转变为"自为状态"。

第二，推动辅导员内涵式发展，助推政策执行力。工作和科研的矛盾和协调、角色冲突与平衡是辅导员享受双线晋升政策必须要回应的话题，管理工作的优化、教师身份的凸显、科研能力的提升是解决上述矛盾和冲突的关键。首先，利用互联网技术拓展工作方式和形式，促进日常事务工作规范化和程序化，提高工作效率。比如，班级群和学院公众号作为信息传达和学生管理的重要载体，可以将每年的常规性管理工作梳理成专栏推送在微信群中，并指定专门学生协助办理，这将大大节省工作时间。其次，由于管理工作完成的期限性、结果的可量化、内容的硬指标的原因，辅导员更多地充当了"管理干部"的角色，辅导员应在岗位中找寻"教育"中"教"的应有之义，注重角色结构的调整，在管理工作中注重育人教师身份的发挥，进一步凸显教师育人作用。最后，辅导员精力更多局限于学生工作事务，缺乏进行理论提升的自觉。辅导员要注重科研能力的培养，通过攻读学位、职业培训、课题研究、工作案例创新等方式，积极总结工作典型经验和编写工作案例，对育人

---

① 吴昊. 深刻认识思政工作是高校各项工作的生命线：浅谈学科评估中的思政工作 [EB/OL]. （2021-03-04）［2025-03-03］. https：//marx. sca. edu. cn/content/? 383. html.

过程中发现的问题和探索的解决措施进行理论提升和概括，从而提升工作的科学化、理论化水平。

　　第三，建立辅导员管理"五级"职级制，提升政策执行质效。时下，行政职级标准过于宽泛是管理职级晋升的难点。针对目前辅导员队伍晋升难点和擅长管理工作，我们应首先做到"管理职级"晋升的守正，其次是"教师职级"晋升的创新。目前，国内十多所高校率先实行的辅导员队伍单独系列的行政级别晋升制度，结合工作年限、育人实效等综合情况，分为五至九级管理岗位非领导职务，分别为科员级（9级）、副科级（8级）、正科级（7级）、副处级（6级）、正处级（5级），同时享受相应的职员实职待遇。目前，山东大学、江苏大学、青海大学已有多名辅导员正式享受正处级实职待遇，如江苏大学，本科毕业后专职从事学生工作13年及以上，或硕、博士毕业专职从事学生工作11年以上，可申报为正处级辅导员，2019年起已有辅导员正式享受正处级实职待遇。通过铺设"加速跑道"，解决待遇和荣誉双重保障进一步稳固辅导员工作初心，更好地完成育人使命。

　　第四，加强政策引导在辅导员岗位实现职业高峰，促进政策目标回归。诚然，合理的人员流动能够使辅导员队伍充满生机和活力，但并不是流动转岗才是最佳方式。在一个行业中，优秀者是通过岗位内向更高级别晋升来证明，而非离开本岗位，目前，在党和国家对高校思想政治工作高期待和辅导员队伍低稳定的情况下，高校应不鼓励辅导员转岗，而是充分发挥双线晋升政策的引导作用，"落实《高等学校辅导员职业能力标准（暂行）》，研究制定辅导员职业能力标准认定的具体办法，加强对认定结果的使用，使其与职业资格认证、职务晋升、职称评定等结合起来"[①]。激励辅导员长期从事辅导员工作，使得辅导员在辅导员

---

　　① 贝静红. 高校辅导员队伍专业化发展研究［M］. 武汉：武汉大学出版社，2016.

岗位上实现自我价值和职业高峰，成长为思想政治教育工作专家，为辅导员专业化职业化发展提供了有力保障。

四、切实提高薪资报酬

习近平总书记在 2018 年全国教育大会上指出："教育投入要更多向教师倾斜，不断提高教师待遇，让广大教师安心从教、热心从教。""相关实证研究证实，奖励制度与工作投入呈显著正相关：薪酬与工作投入显著正相关，发展和职业机会与工作投入显著正相关，福利与工作投入显著正相关。"[①] 本研究的调研也实际显示，学校维度的"身份地位、薪资水平、职业发展、能力培训、考评嘉奖、其他福利"六个因素中，辅导员对薪资水平和身份地位的满意度最低，极不满意，同时，多元回归分析证明，"薪资水平"也是对辅导员工作积极性产生显著正向影响的重要因素。78.47% 的辅导员表示"我认为辅导员的工资水平与工作强度成正比"。因此，要真正切实采取措施提高辅导员的薪资水平，从根本上激发辅导员职业动力和干劲，"要提高辅导员的经济收入，从物质上保证辅导员安心工作"[②]。辅导员薪资水平低，一方面是由于薪资水平的绝对低，另一方面是相比于高强度的工作内容和节奏，薪资水平呈现出不匹配的情况。与高校教师相比，无论是福利待遇还是薪酬水平，辅导员都远逊于高校教师。"回报需求是高校辅导员最基本的需求，每个人都希望自己的努力工作能获得相应的回报，这种回报可

---

① TAUFEK F H B M, ZULKIFLE Z B, SHARIF M Z B M. Sustainability in Employment：Reward System and Work Engagement ［J］. Procedia Economics & Finance，2016（35）：699-704.

② 柏杨. 改革开放以来高校辅导员队伍建设研究 ［M］. 成都：西南交通大学出版社，2018：42.

以是有形的物质收获，也可以是无形的奖励。"① 其中薪酬待遇是最直接且有形的物质需求，几乎所有受访者都谈到薪酬待遇的需求。辅导员工作强度大，工作时间长。由于辅导员工作的特殊性决定了辅导员工作内容涵盖广泛，从学风建设、危机处理、心理建设和活动的举办等等，伴随着工作内容的丰富，与高校其他教师相比，其工作时间跨度更大、工作压力也更大。而相对应的是，辅导员的薪资待遇却没有因额外的工作时间和工作内容而增加。因此，应该针对辅导员进行单独的补贴，提高辅导员的待遇和福利，健全高校辅导员的薪金制度，缩小辅导员薪酬与专业教师的差距，使辅导员在工作中得到应有的物质回报。此外，还要健全高校辅导员奖金制度，将辅导员职业道德与奖金评选相关联，工资奖金向爱岗敬业、服务学生的优秀辅导员倾斜，让辅导员能够从物质评价上真正感受到学校对辅导员工作的认可和重视，同时也通过真实物质利益的增加而进一步激发工作干劲。

第三节　学院打造品质化管理

在高校的管理体制中，辅导员是双重管理体制，也就是说辅导员本人在院系工作，接受院系管理，同时人事关系和考核也由学校学工部管理。但学院是对辅导员进行直接领导和管理的机构，辅导员的工作、生活与学院息息相关，院系层面的中观场域的建构是提升辅导员工作幸福感的直接战地，因此，学院必将从更加深入的层面实现辅导员队伍建设的"精细化"，实现品质化管理和舒适的工作氛围和节奏，让辅导员拥

---

① 顾永东，袁瑜. 高校辅导员工作效能的需求响应激励机制构建：一项基于扎根理论的探索性研究 [J]. 江苏高教，2020（12）：115.

有更加良好的奉献精神从事辅导员工作，面对学生，实现辅导员工作绩效和品质的提升，实现对辅导员培养的"品质管理"。

一、副书记的选拔和能力提高

学校维度包括学工团队氛围、领导的能力、学院重视程度、学习成长、学院氛围五个因素，在对五个因素的回归分析结果中发现，只有"领导的能力"，即副书记的能力会对辅导员工作积极性有影响。"在我国高校，院系学生工作领导者往往是辅导员的直接领导。作为引领辅导员职业生涯、帮助其实现角色转换和完成职业适应的关键性人物，他们的领导风格与行为方式必然影响辅导员的工作态度和状态，甚至更进一步影响辅导员职业价值观的建立。"① 因此，要高度重视副书记的选拔和任职后能力的提升，由此才能更好地领导辅导员团队更好地工作。"提升院系领导，特别是分管学生工作和辅导员队伍建设的副书记的思想认识，需要坚持以人为本，切实加强对辅导员的人文关怀和工作指导。"②

结合辅导员队伍建设，从对副书记所赋予的责任和期待来讲，包括工作能力进一步提高和管理能力进一步强化。首先，工作能力进一步提高。之所以用"进一步提高"，而非"提高"，就在于副书记普遍工作能力是得到一致认可的，这主要是因为副书记都是从辅导员一线工作数年之后选拔而来的，皆为辅导员出身，在长期的辅导员岗位上积累了丰富的工作经验和技巧，作为院系级层面的学工队伍，相比于工作年限短的辅导员，副书记的工作能力得到普遍认可。其次，管理能力需要进一

---

① 庄园. 自主、效能、归属：基于领导行为视角的高校辅导员工作投入促进路径 [J].
江苏高教，2022（6）：76.

② 柏杨. 改革开放以来高校辅导员队伍建设研究 [M]. 成都：西南交通大学出版社，
2018：115.

步强化。相比于之前作为单纯的专职辅导员，副书记不仅是辅导员需要处理学生事务，而且作为辅导员团队的领头人，也兼具管理辅导员队伍的职责，同时也作为学校和学院的中层干部承担着重要的管理任务。因此，副书记要进一步明晰自己的职责和重任，其中之一是激发学院学工团队的干劲，为辅导员的成长和发展在学院提供承上启下的作用。对辅导员工作积极性提高而言，需要进一步提高管理能力，通过有效管理辅导员队伍，为辅导员在学院层面创造更好的工作平台、凸显辅导员身份地位、争取相应的权益，从而有效提高辅导员队伍的凝聚力，提升整个队伍的工作积极性。

二、学院重视和关怀辅导员学习成长

除了在学工部工作的辅导员之外，其他辅导员都是在院系工作，学院作为辅导员最直接的工作环境和生态环境，其学院对辅导员队伍的重视和关怀程度直接影响辅导员工作的幸福感和积极性。因此，学院要注重辅导员队伍的建设和关怀，从思想认识、体制机制、政策措施、培养人才等方面采取有力措施，调动广大辅导员的积极性，提高辅导员工作的水平，真正做到感情留人，待遇留人，从而不断激发辅导员工作的积极性和创造性，挖掘辅导员的潜能，实现辅导员的价值，以实现学院辅导员共同发展。

首先，重视辅导员队伍建设。诚然，一个学院的立身之本在于科研成果的产出，作为弹性空间很大的学生工作在学院的各项工作中所处的地位并未受到足够的重视，相应地，辅导员队伍也游离在学院的核心业务之外，学院对辅导员的关注和重视度也相对减弱。然而，学生工作的稳定才是学院稳定发展的前提和根基，学生学业顺利、身心健康、文艺生活丰富、精神风貌朝气蓬勃等才是一个学院强大发展的不竭动力，而这一状态的打造主体便是辅导员队伍。实际工作中很多辅导员长期处于

"夹板气"的状态，学校的各项工作需要落实，学生的不积极配合，往往将很多矛盾都集中在辅导员的身上。也有学者指出，辅导员工作不被认可，经常被他者评价为"天天做的都是莫名堂的事"①，导致很多辅导员的工作积极性受到打击，最终影响到工作绩效。因此，院系领导要把辅导员作为学生工作的核心和最重要的资源，从辅导员的切身利益出发，充分信任、尊重、关心辅导员，尊重他们的劳动贡献，更多地鼓励和肯定他们在学习和工作中所取得的成绩。同时将辅导员队伍建设纳入学院发展的一体化规划中，与学科建设、科研教师发展等各项事务协同推进，在成长发展、资金支持发展等方面给予一定倾斜。

其次，积极创造条件为辅导员成长提供平台。学院在辅导员工作过程中要加强对辅导员队伍的人文关怀，辅导员工作需要与学院教务老师、科研老师等协同处理，因此，要更多地创造辅导员和学院其他老师的交流，尤其是新入职辅导员在学院工作中打开局面，解决实际工作中的突出问题。同时，要重视辅导员的学习成长，包括入职指导、工作例会、案例研讨、外出学习和专业培训等，为新入职辅导员安排丰富经验的辅导员担任入职导师，提升辅导员职业能力，为辅导员提供学习成长环境。

三、加强辅导员队伍沟通交流，增强归属感

辅导员学生工作和团队建设都在二级学院，辅导员成长及职业能力提升与二级学院密切相关，建立和谐、稳定、幸福的成长环境至关重要。在学院维度的五个要素中，学工团队氛围的平均水平为 3.912，明显高于其他四项的平均水平。同时，访谈也发现，良好的学工团队氛围

①　奂婷婷. 为何所困：一位高校辅导员职业倦怠生成的自我民族志 [J]. 高校辅导员学刊，2023，15（2）：34.

在克服工作压力和工作倦怠感方面发挥了重要作用。高校中，与其他教师团队相比，如科研老师更多的是个人做好自身的教学和科研工作，行政教师亦是根据工作分工完成分内的教务、财务等工作即可，而学工队伍更注重的是一个团队，是作为一个相互合作的团队来面向全院的学生整体做工作。全院学生作为一个整体，但是学生的问题又会分为学业、心理、就业、生活等方方面面，而不同的方面是由不同的辅导员来负责，而某一方面问题的产生和解决往往是需要其他方面来进行综合发力。如某一个学生若有心理问题，这一问题产生的原因有可能是学业、就业、人际关系等，因此，针对这一学生问题的解决，就需要分管这几方面工作的辅导员协作发力解决该生问题。因此，学院层面的辅导员团队之间的良好人际关系对工作难题的解决具有重要作用。在学院内部，工作中遇到困难可以和同事共同解决、面对重大工作任务时辅导员能分工协助共同完成、与领导关系融洽且是合作关系等，辅导员所在的工作小环境对保证辅导员工作干劲具有重要作用。因此，学院也要进一步发挥人文关怀精神，发挥环境育人的功能，努力营造辅导员良好的工作和人际关系环境，将无形的工作环境与有形的辅导员成长充分融合，促进辅导员潜能发挥和积极地自我成长。

第四节　本体调适：辅导员自我赋能提升

"高校辅导员的专业化是育人保障，辅导员通过理论学习与实践锻炼满足职业角色的专业性，才能获得社会和学生对辅导员的尊重与需要。"① 加强辅导员职业能力和职业水平，提高辅导员学习与创新绩效。辅导员发展不仅需要国家和高校政策的支持和经费的保障，更需要辅导员个体的不断积累、不断储备，自身做好工作、学习、生活的规划，不断完善提高自身工作能力和知识体系，个体成长带动团体成长，这是实现个人发展的必然途径。"然而反观当前高校辅导员在思想政治教育工作中的现状，仍有少数辅导员因教育主体、内容、方法、形式等方面的单一性和陈旧性，而不能完全满足大学生的多样化需求。"②

一、坚定职业信念

思想是行动的先导，目标引领方向。人一旦有了清楚的奋斗目标，就有了准确的前进方向，就会在目标的指引下，朝着正确的方向不断努力，最终实现既定目标。对高校辅导员来说，这个目标的体现就是坚定的职业信念，职业信念是高校辅导员职业守则内化的心理基础，提升辅导员职业信念是辅导员工作积极性的基础，"积极的辅导员职业信念影响辅导员职业生涯规划自觉性，是从业者是否选择辅导员职业并为了能够长期从事辅导员工作，不断发展辅导员职业具有至关重要的作用"③。这就意味着不仅要有明确的高校辅导员的职业使命和担当，同时要有担负和完成职业使命和担当的决心，更要通过自己的努力不断提升完成职业使命和担当的能力和技能，从而保证不仅有坚定的职业信念和理想，做一个"走心"的辅导员，而且可以实现信念和理想，以此形成良性

---

① 赵秀娟，张明志. 论高校辅导员职业价值的逻辑意蕴与实践观照 [J]. 思想教育研究，2023（3）：135.

② 谈传生，胡景谱，刘文成. 高校辅导员专业化职业化发展的现实困境及破解路径：基于中部某省51所高校3176名辅导员的实证调查 [J]. 思想教育研究，2022（1）：150.

③ 教育部思想政治工作司. 高校辅导员职业生涯规划 [M]. 北京：高等教育出版社，2011：77.

互动进一步增加对职业的认同，坚定职业信念。

随着高等教育"双一流"建设计划作为国家重大战略的推进，这也对高校改革和完善提出了新的全方位要求。辅导员是高校思想政治工作的一支专业队伍，其能力和素质决定着思想政治教育的成效，只有坚定职业信念和不断提高职业能力，立足"立德树人"工作岗位，守好学生思想政治教育责任田，坚持久久为功，从而为"双一流"建设提供基础保障。尤其是高校教育改革的深入、高校生源结构越来越多样化，学生思想和素质差异增大，学生工作不再是一项简单的管理和服务工作，辅导员也不再是一项"万金油""可有可无"的职业。学生的教育、管理和服务工作个性化特征越来越明显，相应的对辅导员工作的专业化、职业化、专家化的要求也就越来越高，这就对辅导员职业的能力素质水平提出了更高的要求，对辅导员的培养和管理制度配备也更为专业。"辅导员只有具备了与时俱进的能力素质才能够通过运用新技术、掌握新知识和使用新方法来迎接新挑战。只有转变观念，提高水平，才能增强工作的科学性。"① 因此，辅导员必须树立坚定的职业信念，形成自觉，根据国家发展需要、学校"双一流"建设大势、自身职业规划等方面，开展有计划的自我提高和学习，提升自身业务水平，从而进一步明确工作职责、增强职业归属感和自我效能感、坚定职业态度来促进辅导员职业意识的提升，在工作中得到满足感和成就感，这样的良性循环体系一旦形成，使辅导员获得更多的提升个人职业能力的内生动力。

二、拓展职业技能

辅导员的职业发展不仅要靠自上而下的外在政策推动和制度设计，

---

① 周彬. 专业化视野下的辅导员职业能力发展研究：基于《高等学校辅导员职业能力标准（暂行）》的分析 [D]. 福州：福建师范大学，2017：144.

更有赖于辅导员个人内生的职业成长动力。工作和科研的矛盾和协调、角色冲突与平衡是辅导员必须要回应的话题,管理工作的优化、教师身份的凸显、科研能力的提升是解决上述矛盾和冲突的关键。第一,利用互联网技术拓展工作方式和形式,促进日常事务工作规范化和程序化,提高工作效率。如班级群和学院公众号作为信息传达和学生管理的重要载体,可以将每年的常规性管理工作梳理成专栏推送在微信群,并指定专门学生协助办理,这将大大节省工作时间。第二,由于管理工作完成的期限性、结果的可量化、内容的硬指标等因素,辅导员更多地充当了"管理干部"的角色,辅导员应主动在岗位中找寻"教育"中"教"的应有之义,注重角色结构的调整,在管理工作中注重育人职能的发挥,进一步凸显教师育人作用。第三,目前,专业背景多样化带来的思想政治教育理论素养不够,以及辅导员精力局限于学生事务工作,"重实务工作、轻科研工作"以及"不愿""不会"进行科学研究的现象仍较为普遍。① 破解这一难题的关键在于辅导员在学科理论素养和科研能力两方面提高能力,通过自主学习、培训研修、科研训练等方式强化相关理论根基,并结合个人分管工作聚焦研究方向,对育人过程中发现的问题和探索的解决措施进行理论提升和概括,积极申报自己能胜任的科研项目。尤其是要创造条件在科研时间和精力上做加法,将日常思想政治工作经验凝练升华为系统科学的理论,实现"经验思维"向"理性思维"、"知识吸收"向"知识创造"的转型。

三、提高心理脱离水平

"情感劳动"最早是由美国社会学家霍克希尔德在《心灵的整饰:

---

① 张发政. 高校辅导员队伍教师身份属性探究 [J]. 高校辅导员,2021 (4):48-52;
王莉,刘宏达. 研究型高校辅导员培养的机理、特征与路径选择 [J]. 高校辅导员,2021 (2):57-61.

人类情感的商业化》一书中提出，"个体管理自身感受并通过公开可见的面部表情和肢体语言加以表达"，主要关注在工作场景下的情感。①对这种崭新的劳动形式的描述和研究，使得情感劳动成为广受关注的新的研究领域，成为与体力劳动、脑力劳动并存的第三种劳动。情感劳动理论主要是关注在服务行业中的个人情感是如何在工作中进行控制、管理和展现的。

这一理论也适用于高校辅导员工作，高校辅导员的职业特点和要求决定了辅导员工作要投入大量情感，"高校辅导员除了24小时随时准备介入，更多的是心理和精神上的陪伴，在这个过程中就需要高校辅导员投入大量的情感"②。这不仅是指要在工作中积极付出真实感情认真工作，而且还要在工作中一直保持和展现积极的情感，甚至是在自己状态不佳的情况下，要努力调节自我情绪、压制自身情感，隐藏个人不积极的情感，来表演出积极正面的情感，这是根据工作所需、学生所需而决定的辅导员工作特点。辅导员在服务学生日常生活学习的工作中的角色使得辅导员需要贴近学生的学习和生活，工作时间是随着学生的时间安排而安排，作为学生在大学期间最长时间的陪伴者，随时做好学生的教育、管理与服务工作，在学生存在疑惑、出现问题以及遇到紧急突发事件的时候，能及时与学生进行沟通交流。

然而，高校辅导员作为自然人，也有沮丧、疲惫、愤怒等"感受的情感"，如何妥善的帮助辅导员处理好"需要的情感"和"感受的情感"之间的关系，在高校立德树人的工作中呈现出适度的、得体的"表现的情感"，是提升辅导员的管理水平、提高辅导员有序开展日常

① HOCHSCHILD A R. The Managed Heart：Commercia-Lization of Human Feeling ［M］. California：University Of California Press，1983：6-77.

② 张娜，于成文. 北京高校辅导员情感劳动的实践机制 ［J］. 北京社会科学，2022（3）：28.

工作的效率，尤其是促进辅导员有效应对烦琐工作压力的有效措施。因此，这就需要辅导员自身在做好工作的同时，一定要学会和锻炼自身的心理脱离水平，在陪伴和解决学生问题时用真情相伴，但也要做到自己心理的独立和健康，以此来保证长久的工作动力和干劲。

高校专职辅导员的激励措施需要整体规划，系统推进，在主体方面，需要激励政策制定主体、政策执行主体和政策受众对象的共同努力，作为激励政策制定主体的主管部门通过考核传导政策落实压力，也才能督促激励政策执行者积极执行，同时辅导员自身内涵式提升才能去享受各类激励政策的红利。在激励政策的执行方面，政治执行主体正确认识政策出台的必要性，深刻理解政策本身的正确性，以及只有正确认识到政策出台的必要性，才能真正理解政策的正确性，也才能使在政策执行和政策结果中的运用具有合理性和明确性。由此，高校专职辅导员的各类激励措施和政策才能真正从政策目标转化为政策结果，才能真正发挥激励政策的促进作用，推动辅导员队伍职业化、专业化和专家化。

参考文献

一、专　著

[1] 贝静红．高校辅导员队伍专业化发展研究［M］．武汉：武汉大学出版社，2016.

[2] 陈虹．高校辅导员工作理论与实务［M］．天津：天津科学技术出版社，2011.

[3] 陈万柏，张耀灿．思想政治教育学原理［M］．北京：高等教育出版社，2015.

[4] 邓小平文选：第三卷［M］．北京：人民出版社，1993.

[5] 杜向民，黎开谊．嬗变与开新高校辅导员制度发展研究［M］．北京：中国社会科学出版社，2009.

[6] 冯刚．辅导员工作教程［M］．北京：高等教育出版社，2013.

[7] 冯刚．改革开放以来高校思想政治教育发展史［M］．北京：人民出版社，2018.

[8] 冯刚，郑永廷．思想政治教育学科30年发展研究报告［M］．北京：光明日报出版社，2014.

[9] 侯玉新．新常态下的高校学生工作思考［M］成都：电子科

技大学出版社，2015.

　　[10] 胡金波. 高校辅导员职业化发展研究［M］. 苏州：苏州大学
出版社，2010.

　　[11] 黄林芳. 高校辅导员队伍建设机制论［M］. 上海：上海财经
大学出版社，2009.

　　[12] 教育部思想政治工作司. 大学生思想政治教育理论与实践
［M］. 北京：高等教育出版社，2009.

　　[13] 教育部思想政治工作司. 高等学校辅导员工作概论［M］. 北
京：高等教育出版社，2014.

　　[14] 教育部思想政治工作司. 加强和改进大学生思想政治教育重
要文献选编（1978—2014）［M］. 北京：知识产权出版社，2015.

　　[15] 教育部思想政治工作司. 加强和改进大学生思想政治教育重
要文献选编（1978—2008）［M］. 北京：中国人民大学出版社，2008.

　　[16] 李洪波，董秀娜，李宏刚. 高校辅导员职业能力协同开发研
究［M］. 镇江：江苏大学出版社，2016.

　　[17] 李莉. 高校辅导员专业化发展研究［M］. 南京：东南大学出
版社，2011.

　　[18] 李林英，郭丽萍. 新媒体环境下高校思想政治教育教学研究
［M］. 北京：人民出版社，2015.

　　[19] 刘海春. 高校辅导员职业生涯发展教程：高校辅导员培训系
列教材［M］. 北京：人民出版社，2009.

　　[20] 罗勇，邵磊，谭文全，等. “三化”高校辅导员队伍建设研
究与实践［M］. 成都：西南财经大学出版社，2017.

　　[21] 毛泽东著作选读：下册［M］. 北京：人民出版社，1986.

　　[22] 丘进，卢黎歌，等. 机制·创新·长效：高校辅导员队伍建

设研究 [M]. 西安：西安交通大学出版社，2012.

[23] 沈壮海，王培刚，段立国. 中国大学生思想政治教育发展报告 [M]. 北京：北京师范大学出版社，2016.

[24] 谭亮魁，陈童. 高校辅导员理论与实务 [M]. 长春：吉林大学出版社，2016.

[25] 唐德斌. 职业化背景下高校辅导员的专业化发展 [M]. 成都：四川人民出版社，2013.

[26] 王小红. 高校辅导员工作的理论与实践 [M]. 北京：北京大学出版社，2010.

[27] 王学俭. 现代思想政治教育前沿问题研究 [M]. 北京：人民出版社，2008.

[28] 翁铁慧. 高校辅导员职业生涯规划 [M]. 北京：高等教育出版社，2011.

[29] 伍揆祁. 思想政治教育人文关怀论 [M]. 北京：中国社会出版社，2007.

[30] 徐家林，陶书中. 高校辅导员工作新论 [M]. 北京：中央文献出版社，2008.

[31] 杨建义. 高校辅导员专业成长研究：基于思想政治教育学科的视野 [M]. 北京：社会科学文献出版社，2014.

[32] 袁俊平，卜建华，胡玉宁. 人的全面发展理论与高校思想政治教育创新发展研究 [M] 成都：西南交通大学出版社，2017.

[33] 张晶娟. 高校辅导员职业化发展研究 [M]. 北京：对外经济贸易大学出版社，2017.

[34] 张文强. 高校政治辅导员职业化研究 [M]. 开封：河南大学出版社，2007.

[35] 张耀灿. 现代思想政治教育学 [M]. 北京：人民出版社，2001.

[36] 赵海丰. 高校辅导员制度的演进与发展趋势研究 [M]. 沈阳：辽宁大学出版社 2014.

[37] 中共中央马克思恩格斯列宁斯大林著作编译局. 马克思恩格斯全集：第40卷 [M]. 北京：人民出版社，1982.

[38] 中共中央马克思恩格斯列宁斯大林著作编译局. 马克思恩格斯全集：第46卷 [M]. 北京：人民出版社，1971.

[39] 中共中央马克思恩格斯列宁斯大林著作编译局. 马克思恩格斯全集：第19卷 [M]. 北京：人民出版社，1960.

[40] 中共中央马克思恩格斯列宁斯大林著作编译局. 马克思恩格斯全集：第3卷 [M]. 北京：人民出版社，1960.

[41] 中共中央马克思恩格斯列宁斯大林著作编译局. 马克思恩格斯选集：第4卷 [M]. 北京：人民出版社，1995.

[42] 中共中央马克思恩格斯列宁斯大林著作编译局. 马克思恩格斯选集：第42卷 [M]. 北京：人民出版社，1995.

[43] 中共中央马克思恩格斯列宁斯大林著作编译局. 马克思恩格斯选集：第23卷 [M]. 北京：人民出版社，1972.

[44] 中共中央马克思恩格斯列宁斯大林著作编译局. 马克思恩格斯选集：第1卷 [M]. 北京：人民出版社，1972.

[45] 周良书，朱平，俞小和. 中国高校辅导员工作史论 [M]. 北京：人民出版社，2016.

二、期刊论文

[1] 陈晨. 高校思想政治教育课程研究的科学演进 [J]. 思想政治

教育研究，2018，34（2）：64-68.

　　[2] 陈岩松. 高校辅导员胜任力模型构建：一项实证研究 [J]. 高等教育研究，2010，31（4）：84-89.

　　[3] 陈勇，朱平. 高校辅导员"双重身份"的现实与未来 [J]. 思想理论教育导刊，2016（10）：144-148.

　　[4] 董健鑫. 新时代高校辅导员职业路径的实践探索：以上海交通大学为例 [J]. 高校辅导员学刊，2020，12（1）：24-27，38.

　　[5] 范赟，王俊. 新时代我国高校辅导员队伍专业化建设内涵再审视：以思想理论教育和价值引领为中心 [J]. 思想理论教育，2021（6）：100-105.

　　[6] 费萍. 改革开放40年高校辅导员职业能力培养的历史回溯与现实启示 [J]. 湖北社会科学，2018（6）：173-179.

　　[7] 冯刚，陈飞. 新时代高校体育的育人蕴涵与实现路径 [J]. 中国高等教育，2020（12）：25-27.

　　[8] 冯刚，陈倩. 培育时代新人志气、骨气、底气的文化向度 [J]. 国家教育行政学院学报，2022（2）：63-70.

　　[9] 冯刚. 改革开放40年来高校思想政治教育发展的经验与展望 [J]. 中国高等教育，2018（C2）：47-51.

　　[10] 冯刚. 改革开放以来高校思想政治教育政策设计与发展展望 [J]. 国家教育行政学院学报，2018（9）：28-35.

　　[11] 冯刚. 改革开放以来高校思想政治教育政策设计与发展展望 [J]. 国家教育行政学院学报，2018（9）：28-35.

　　[12] 冯刚，高静毅. 思想政治理论课与日常思想政治教育协同育人的实践维度考察 [J]. 中国高等教育，2019（17）：32-35.

　　[13] 冯刚，金国峰. 论中国教育现代化的方向目标 [J]. 中国高

等教育，2019（1）：4-8.

[14] 冯刚，刘嘉圣. 新时代大中小学课程思政一体化建设的内涵要素及优化路径 [J]. 中国高等教育，2022（1）：9-11.

[15] 冯刚，刘文博. 新时代加强大学生劳动教育的时代价值与实践路径 [J]. 中国高等教育，2019（12）：22-24.

[16] 冯刚. 论青年全面发展与青年教育 [J]. 国家教育行政学院学报，2018（2）：3-9.

[17] 冯刚. 深刻把握中国特色社会主义这一时代主题 [J]. 中国高等教育，2017（17）：1.

[18] 冯刚，王方. 国际视野下时代新人培育的理论蕴含与实践路径 [J]. 国家教育行政学院学报，2020（3）：34-42.

[19] 冯刚，王莹. 时代新人培育的内在要求与实现路径 [J]. 中国高等教育，2020（23）：21-23.

[20] 冯刚. 新时代中国特色社会主义思想政治教育的创新发展 [J]. 中国高等教育，2018（C1）：28-32.

[21] 冯刚，徐文倩. 把握新时代大中小学思想政治教育一体化建设内在规律 [J]. 中国高等教育，2020（2）：17-19.

[22] 冯刚，严帅. 新时代大学生思想政治教育工作质量评价的方法和路径 [J]. 国家教育行政学院学报，2019（5）：46-53.

[23] 冯刚，张发政. 中国共产党百年红色精神谱系引领时代新人培育 [J]. 中国高等教育，2021（5）：4-6.

[24] 冯刚，钟一彪. 高校辅导员角色紧张的舒缓与职业理想建构 [J]. 学校党建与思想教育，2022（1）：1-5.

[25] 葛玉良，王显芳. 关于高校创业教育活动的调查与思考 [J]. 北京市经济管理干部学院学报，2014，29（3）：74-76.

［26］何萌，周向军．高校辅导员职业能力考评体系的构建与分析［J］．高教探索，2016（2）：107-111．

［27］胡忠浩．高校辅导员队伍高质量发展的时代意蕴、内涵特征及实践路径［J］．学校党建与思想教育，2021（19）：81-84．

［28］李莉．高校辅导员专业化内涵与路径的理论探索［J］．黑龙江高教研究，2010（8）：20-23．

［29］李明忠．高校优秀辅导员的群体特征与职业发展：以2008—2014年全国高校辅导员年度人物为例［J］．高等教育研究，2016，37（3）：68-79．

［30］李永山．构建以能力为导向的高校辅导员分层培训体系［J］．思想理论教育导刊，2016（4）：134-137．

［31］李忠军．以职业能力建设为核心推动高校辅导员队伍专业化发展［J］．思想理论教育，2014（12）：97-102．

［32］刘锦．新时代高职院校辅导员队伍建设的新内涵与新路径［J］．学校党建与思想教育，2019（24）：10-12．

［33］刘征，刘伟，左殿升．论新时代辅导员队伍建设的"时""事""势"［J］．思想政治教育研究，2021，37（2）：154-160．

［34］楼艳．高校辅导员职业角色定位的再认知［J］．学校党建与思想教育，2021（13）：78-80．

［35］吕云超．基于胜任力模型的高校辅导员职业能力评价［J］．中国行政管理，2016（5）：84-87．

［36］马英，洪晓楠．大学生对辅导员工作满意度的现状与提升：基于全国57所高校30000份问卷的分析［J］．江西社会科学，2016，36（11）：238-245．

［37］倪佳琪，王显芳．辅导员胜任力：概念、范式与研究展望

［J］.高校辅导员，2017（4）：33-36.

［38］聂靖."三全育人"视角下高校辅导员角色定位及履职路径［J］.高校辅导员学刊，2018，10（1）：18-21.

［39］彭扬.高校思想政治工作制度执行力提升策略探析［J］.思想理论教育，2021（10）：101-106.

［40］佘双好.关于整体推进思想政治理论课教师和辅导员队伍发展的思考［J］.学校党建与思想教育，2017（23）：22-26，43.

［41］孙留萍，李响，刘芳南.新时代高校辅导员双线晋升政策执行的优化路径［J］.北京教育（德育），2021（12）：92-95.

［42］谈传生，胡景谱，刘文成.高校辅导员专业化职业化发展的现实困境及破解路径：基于中部某省51所高校3176名辅导员的实证调查［J］.思想教育研究，2022（1）：148-153.

［43］覃吉春，王静萍.高校辅导员职业能力结构与提升路径［J］.思想理论教育导刊，2018（2）：145-148.

［44］王刚山.割裂与融合：高校辅导员日常思想政治教育与事务管理的困境与出路［J］.昆明理工大学学报（社会科学版），2021，21（6）：96-103.

［45］王海宁.高校辅导员参与思政课教学的困境与突破［J］.学校党建与思想教育，2020（8）：55-57.

［46］王海宁.行为锚定等级评价法运用于高校辅导员专业化发展评价的可行性分析［J］.山东行政学院学报，2019（2）：50-54.

［47］王海宁，余志鹏.高校辅导员专业化发展评价指标体系构建研究［J］.北京教育（德育），2019（10）：72-77.

［48］王俊，范赟.高校辅导员专业化成长的"课程化"工作模式探索［J］.思想理论教育，2014（5）：93-97.

[49] 王莉，刘宏达．研究型高校辅导员培养的机理、特征与路径选择 [J]．高校辅导员，2021（2）：57-61．

[50] 王显芳，陈乐．高校"形势与政策"课规范化建设的探索 [J]．高校辅导员，2016（5）：53-55．

[51] 王显芳，陈乐．形势与政策课如何"说服"人 [J]．高校辅导员，2015（6）：17-20．

[52] 王显芳，葛玉良．澳大利亚职业管理能力及其对我国高校工作的启示 [J]．北京教育（德育），2014（4）：77-79．

[53] 王显芳，郭智芳，谢羚．高校辅导员争做"四有"好老师，培养"四有"好学生：学习习近平总书记教师节重要讲话精神 [J]．高校辅导员，2014（6）：31-33．

[54] 王显芳，洪成文，李然．美国大学生职业生涯规划服务质量研究 [J]．比较教育研究，2008（2）：56-60．

[55] 王显芳．美国的大学生事务协会及其对我国高校的启示 [J]．北京教育（德育），2010（3）：72-74．

[56] 王显芳．美国康乃尔大学职业生涯服务的特点及启示 [J]．北京教育（德育），2011（2）：78-80．

[57] 王显芳，倪佳琪，牛小游．新时代高校辅导员队伍专业化建设的调研与思考 [J]．高校辅导员学刊，2019，11（2）：49-54，74．

[58] 王显芳，潘安琪．我国高校大学生就业工作的困境研究 [J]．中国大学生就业，2015（8）：3-7．

[59] 王显芳，孙玮．基于 OTRAP 模式的高校辅导员职业能力的提升 [J]．高校辅导员学刊，2017，9（2）：20-23．

[60] 王显芳，谢羚．市场机制下深化大学生思想政治教育工作的思考 [J]．北京教育（德育），2015（3）：31-34．

[61] 王显芳，于小雷，苏静．精心设计　立足长远　打造素质卓越的高校辅导员队伍 [J]．北京教育（德育），2013（11）：10-11.

[62] 王振华，朱蓉蓉．论新时代高校辅导员队伍建设的优化 [J]．学校党建与思想教育，2022（2）：58-60.

[63] 吴志功，陈英霞，王显芳．世界教师教育发展趋势分析与未来教师资格证书方案设计 [J]．比较教育研究，2001（11）：32-35.

[64] 夏吉莉，刘秀伦．增强高校辅导员培训实效性的三个关键点 [J]．黑龙江高教研究，2017（12）：121-124.

[65] 谢景文．职业化视角下高校辅导员职业能力的内涵结构及培养 [J]．太原城市职业技术学院学报，2016（1）：39-41.

[66] 杨宾峰，张红霞，许丹东．辅导员个性特质对思想政治教育感染力的影响 [J]．江苏高教，2017（3）：82-86.

[67] 杨智勇．高校辅导员"双线"晋升的现实制约与解决路径 [J]．思想理论教育，2020（12）：107-111.

[68] 张发政．高校辅导员队伍教师身份属性探究 [J]．高校辅导员，2021（4）：48-52.

[69] 张楠．时间观念视角下高校辅导员工作状况研究 [J]．思想理论教育，2021（9）：99-105.

[70] 郑德前．新时期高校辅导员职业能力提升研究 [J]．学校党建与思想教育，2015（22）：53-55.

[71] 周浩波，李岩．新时代高校辅导员队伍专业化建设体系探究 [J]．学校党建与思想教育，2021（19）：77-80.

[72] 朱平．高校辅导员专业化的岗位设置研究：基于《高校辅导员职业能力标准（暂行）》的思考 [J]．思想理论教育，2015（9）：102-106.

三、学位论文

[1] 曹威威.高校辅导员职业生涯发展研究 [D].长春：东北师范大学，2017.

[2] 陈岩松.基于胜任力的高校辅导员绩效评价研究 [D].南京：南京航空航天大学，2011.

[3] 杜社娟.高校辅导员队伍建设政策研究 [D].郑州：郑州大学，2020.

[4] 耿品.高校专职辅导员角色冲突与调适研究 [D].北京：北京科技大学，2020.

[5] 何萌.高校辅导员核心能力建设问题研究 [D].济南：山东大学，2016.

[6] 黄洁.高校学习型辅导员队伍建设研究 [D].南京：南京师范大学，2016.

[7] 江艳.高校新进辅导员工作适应研究 [D].北京：中国地质大学，2022.

[8] 黎育生.我国高校辅导员队伍建设史研究（1949-1978）[D].桂林：广西师范大学，2021.

[9] 李鹏.我国高校辅导员队伍专业化职业化建设研究 [D].北京：中国矿业大学，2015.

[10] 梁涛.高校辅导员胜任力、自我效能感与工作绩效的关系研究 [D].武汉：武汉大学，2012.

[11] 刘洪超.高校辅导员职业能力建设研究 [D].西安：陕西师范大学，2019.

[12] 刘力为.高等职业学校辅导员胜任力模型构建与提升策略研

究［D］．长春：东北师范大学，2022.

［13］苏亚杰．高校辅导员职业能力研究［D］．哈尔滨：哈尔滨师范大学，2019.

［14］徐峰．高职辅导员职业能力评价与提升策略研究［D］．上海：华东师范大学，2022.

［15］杨锟．普通高校辅导员队伍建设研究：以 H 省高校为案例［D］．西安：陕西师范大学，2019.

［16］曾亚纯．高职院校辅导员职业能力及影响因素实证研究［D］．武汉：华中师范大学，2021.

［17］赵红灿．高校辅导员职业化发展路径研究［D］．徐州：中国矿业大学，2017.

［18］郑晓娜．高校辅导员职业化研究［D］．沈阳：辽宁大学，2015.

附录1

新时代高校辅导员职业动力影响因素研究调查问卷

亲爱的专职辅导员老师，感谢您对本研究的支持！

本问卷旨在了解高校针对辅导员的激励机制现状和存在问题，并提出针对性对策，为高校建立系统完备、操作性强的辅导员激励机制提供依据。

问卷采用匿名的方式，并承诺保护您的隐私。答案没有正误之分，仅供分析问题和学术研究使用。为了保证数据的真实性，希望能获得您在该方面的真实信息。每道题目您根据自己的第一印象判断即可。衷心感谢您的支持与合作！

一、基本信息

1. 性别：□ 男　　□ 女

2. 学历：□ 本科　　□ 硕士　　□ 博士

3. 年龄：□ 30 岁以下　　□ 31～35 岁　　□ 36～40 岁　　□ 40 岁以上

4. 您的婚姻状况：□ 已婚　　□ 未婚

5. 子女情况：□ 1 个子女　　□ 2 个子女　　□ 暂无子女

6. 您的职称：□ 副教授　　□ 实习研究员　　□ 助理研究员

□ 副研究员　　□ 研究员　　□ 无

选择"副教授"的跳转一个问题：您工作几年取得该职称？＿＿＿

7. 您的职级：□ 副科　　□ 正科　　□副处　　□ 正处　　□ 无

8. 您担任的职务：□ 副书记　　□ 辅导员　　□ 学工部员工

9. 您的专业：□学生工作相关专业（思想政治教育、教育学、心理学、社会学等）　　□ 文科其他　　□ 理工科其他

10. 您担任辅导员的时间：□1~3 年（含 1 年）　　□ 3~6 年（含 3年）　　□ 6~10 年（含 6 年）　　□ 10 年以上（含 10 年）

11. 您对自己当前的收入是否满意？□ 非常不满意　　□ 不满意□ 一般　　□ 比较满意　　□ 非常满意

12. 您选择辅导员这一工作的主要原因（排序题）：□ 学生工作经历　　□ 身边辅导员榜样的影响　　□ 福利待遇好　　□ 专业对口　　□事业发展前景好　　□ 热爱学生工作　　□ 其他

二、总体状况

1. 您目前的工作状态？

□ 很积极，享受工作过程

□ 比较积极，能够做好工作

□ 一般，有职业倦怠感

□ 不太积极，工作量大、难题多

□ 不积极，难以提起工作兴趣

2. 请表明您在多大程度上同意以下关于您自身工作状态的描述，选择最能反映您真实感受的答案，打"√"。（"1"表示非常不符合；"2"表示比较不符合；"3"表示不确定；"4"表示比较符合；"5"表示非常符合）

职业情感	A1 辅导员工作让我感到很烦躁，缺乏工作热情	□1 □2 □3 □4 □5
	A2 我离开辅导员岗位的意愿较为强烈	□1 □2 □3 □4 □5
	A3 思想消极，我对本职工作有冷漠、厌烦情绪	□1 □2 □3 □4 □5
	A4 我认为辅导员工作烦琐，枯燥，机械重复	□1 □2 □3 □4 □5
工作表现	A5 我有一定的工作规划，并且逐步落实	□1 □2 □3 □4 □5
	A6 工作中我总是有新创意和主动寻找新工作方法	□1 □2 □3 □4 □5
	A7 针对工作困难，我认真负责，主动解决挑战和问题	□1 □2 □3 □4 □5
	A8 对工作有排斥心理，不愿意投入时间和精力	□1 □2 □3 □4 □5
	A9 工作消极懈怠、敷衍了事，不求有功，但求无过	□1 □2 □3 □4 □5
	A10 我并不真正关心学生身上发生的事情，缺乏与学生接触的主动性	□1 □2 □3 □4 □5
工作成就感	A11 我疑惑自己所做的工作是否有意义	□1 □2 □3 □4 □5
	A12 我能有效地完成各项任务，但业绩却不明显	□1 □2 □3 □4 □5
	A13 在完成工作时，我会感到很愉快	□1 □2 □3 □4 □5
	A14 我越来越不关心外界对我的评价和工作是否有意义	□1 □2 □3 □4 □5

3. 请表明您在多大程度上同意以下关于辅导员工作本身因素的描述，选择最能反映您真实感受的答案，打"√"。（"1"表示非常不符合；"2"表示比较不符合；"3"表示不确定；"4"表示比较符合；"5"表示非常符合）

工作强度	B1 白加黑、5+2、24小时开机是我的工作常态	□1 □2 □3 □4 □5
	B2 既做教育工作，又做管理工作，我感觉分身乏术	□1 □2 □3 □4 □5
	B3 上面千条线，下面一根针，与学生相关的工作最终落到我身上	□1 □2 □3 □4 □5
	B4 日常工作中扮演的角色过多，我感到压力很大	□1 □2 □3 □4 □5

续表

工作强度	B1 白加黑、5+2、24小时开机是我的工作常态	□1 □2 □3 □4 □5
	B2 既做教育工作，又做管理工作，我感觉分身乏术	□1 □2 □3 □4 □5
	B3 上面千条线，下面一根针，与学生相关的工作最终落到我身上	□1 □2 □3 □4 □5
	B4 日常工作中扮演的角色过多，我感到压力很大	□1 □2 □3 □4 □5
工作定位	B5 事务管理工作烦琐，价值引领工作难以落实	□1 □2 □3 □4 □5
	B6 我清晰地认知辅导员的职业角色	□1 □2 □3 □4 □5
工作价值	B7 辅导员工作能实现我的人生价值和职业理想	□1 □2 □3 □4 □5
	B8 辅导员对高校的学生教育有重大作用和意义	□1 □2 □3 □4 □5
工作前景	B9 辅导员工作有良好的前景	□1 □2 □3 □4 □5
	B10 这份工作较为稳定	□1 □2 □3 □4 □5
	B11 辅导员工作是一项专业性很强的工作	□1 □2 □3 □4 □5
工作成就	B12 我可以看到努力工作的成果	□1 □2 □3 □4 □5
	B13 我的工作常常能够得到上级、同事的肯定	□1 □2 □3 □4 □5
	B14 辅导员的工作让我很有成就感	□1 □2 □3 □4 □5
	B15 工作让我有比较强烈的归属感	□1 □2 □3 □4 □5

4. 请表明您在多大程度上同意以下关于学校因素的描述，选择最能反映您真实感受的答案，打"√"。（"1"表示非常不符合；"2"表示比较不符合；"3"表示不确定；"4"表示比较符合；"5"表示非常符合）

身份地位	C1 虽然辅导员工作很重要，但我觉得地位并不高	□1 □2 □3 □4 □5
	C2 我和科研老师地位相当	□1 □2 □3 □4 □5
薪资水平	C3 我认为辅导员的工资水平与工作强度成正比	□1 □2 □3 □4 □5
	C4 学校会根据工作实际表现和年限确定相应行政级别，并享受同等待遇	□1 □2 □3 □4 □5

续表

职业发展	C5 辅导员有晋升通道，但晋升要求高，比例低	□1 □2 □3 □4 □5
	C6 辅导员在职攻读博士可以脱产半年以上或提供学费资助	□1 □2 □3 □4 □5
能力培训	C7 学校每年都为辅导员参加各类培训提供机会和资金支持	□1 □2 □3 □4 □5
	C8 学校举办的辅导员业务培训效果很好	□1 □2 □3 □4 □5
	C9 学校经常举办学生工作沙龙或内部经验交流学习活动	□1 □2 □3 □4 □5
考评嘉奖	C10 十佳辅导员、弘德辅导员等对我很有激励作用	□1 □2 □3 □4 □5
	C11 十佳辅导员、弘德辅导员的评选结果能完全反映辅导员实际工作表现	□1 □2 □3 □4 □5
	C12 我对辅导员职称评审运行状况非常满意	□1 □2 □3 □4 □5
其他福利	C14 我对学校的其他福利感到满意（如子女教育等）	□1 □2 □3 □4 □5
	C13 贵院实现了师生1∶200的配比	□1 □2 □3 □4 □5

5. 请表明您在多大程度上同意以下关于学院因素的描述，选择最能反映您真实感受的答案，打"√"。（"1"表示非常不符合；"2"表示比较不符合；"3"表示不确定；"4"表示比较符合；"5"表示非常符合）

学工团队氛围	D1 我所在学院的辅导员团队关系良好，团结互助	□1 □2 □3 □4 □5
	D2 团队成员之间的分工合理，工作量大致相当	□1 □2 □3 □4 □5
	D3 工作遇到困难时，会寻求团队成员帮助并能得到解决	□1 □2 □3 □4 □5
	D4 面对重大或复杂任务时，团队成员会分工协作	□1 □2 □3 □4 □5
	D5 我会主动和领导就工作难题进行沟通，积极解决	□1 □2 □3 □4 □5
领导的能力	D6 领导的能力强，得到团队成员认可	□1 □2 □3 □4 □5
	D7 领导会主动关心我的生活和工作困难	□1 □2 □3 □4 □5

续表

学院重视程度	D8 学院领导班子重视辅导员队伍建设	□1 □2 □3 □4 □5
	D9 学生工作在学院显示度高	□1 □2 □3 □4 □5
	D10 基于我的技能和经验，学院认为我对学院很重要	□1 □2 □3 □4 □5
	D14 工作强度能在学院年终奖有所体现	□1 □2 □3 □4 □5
学习成长	D11 辅导员会集体申报相关课题或发表文章	□1 □2 □3 □4 □5
	D12 在学院工作过程中个人能得到进步	□1 □2 □3 □4 □5
学院氛围	D13 学院生态氛围好，工作有干劲	□1 □2 □3 □4 □5

6. 请表明您在多大程度上同意以下关于个人因素的描述，选择最能反映您真实感受的答案，打"√"。（"1"表示非常不符合；"2"表示比较不符合；"3"表示不确定；"4"表示比较符合；"5"表示非常符合）

工作胜任力	E1 我有良好的政治素质和较高的理论素养	□1 □2 □3 □4 □5
	E2 我有良好的专业背景知识	□1 □2 □3 □4 □5
	E3 我觉得个人能力完全胜任工作	□1 □2 □3 □4 □5
	E4 凭我的技能与经验，我有很多工作机会可以选择	□1 □2 □3 □4 □5
	E5 我有良好表达能力和沟通技巧，与学生交流顺畅	□1 □2 □3 □4 □5
	E6 我能合理分配和安排各项工作任务	□1 □2 □3 □4 □5
态度动机	E7 我对辅导员工作有较强的工作兴趣	□1 □2 □3 □4 □5
	E8 如果有机会重新选择工作岗位，我还会选择当辅导员	□1 □2 □3 □4 □5
	E9 我很自豪我是一名高校辅导员	□1 □2 □3 □4 □5
工作家庭平衡	E10 家庭的烦恼使我工作时常常心不在焉	□1 □2 □3 □4 □5
	E11 家庭的支持能使我更全身心地投入工作	□1 □2 □3 □4 □5

7. 请表明您在多大程度上同意以下提高辅导员工作积极性的措施，

选择最能反映您真实感受的答案，打"√"。（"1"表示非常不符合；"2"表示比较不符合；"3"表示不确定；"4"表示比较符合；"5"表示非常符合）

学校层面	F1 科学定位辅导员的职责和角色，减轻工作压力	□1 □2 □3 □4 □5
	F2 完善制度，建立科学的发展机制和拓展发展平台	□1 □2 □3 □4 □5
	F3 加大正面宣传，提高辅导员的职业威望	□1 □2 □3 □4 □5
	F4 健全薪酬福利激励体制，调动工作积极性	□1 □2 □3 □4 □5
	F5 辅导员的晋升机制能够更加符合辅导员工作实际	□1 □2 □3 □4 □5
	F6 建立分层分类的学习培训体系，提升业务水平	□1 □2 □3 □4 □5
个人层面	F7 调整心态，进一步坚定职业信念	□1 □2 □3 □4 □5
	F8 加强自我学习，促进个人能力提升	□1 □2 □3 □4 □5
	F9 进行职业规划，提高专业技能	□1 □2 □3 □4 □5
学院层面	F10 加强辅导员队伍沟通交流，增强归属感	□1 □2 □3 □4 □5

三、补充问题

1. 根据上述问题，请再次评估下列因素对您工作积极性的影响程度？（排序题）

A. 辅导员因素

B. 学院因素

C. 学校因素

D. 个人因素

2. 您将来也会考虑转岗吗？

○是

○否

○未考虑清楚

上一题回答"是"的进行跳转：您的转岗原因？［排序题，按照原因重要性进行选择］

A. 薪资待遇不理想

B. 辅导员工作本身问题，如工作强度大等

C. 职务晋升机会小

D. 职业能力得不到提升

E. 其他

3. 您认为双线晋升是否存在困难？

○是

○否

4. 双线晋升方面，您自身存在的问题有？［排序题，按照原因重要性进行排序］

A. 辅导员工作强度大，科研时间和精力少

B. 科研能力不足

C. 没有明确的职业发展规划

D. 职称评审名额有限

E. 其他

5. 您认为造成您双线晋升困难的主要原因？［排序题，按照原因重要性进行排序］

A. 制度、政策因素

B. 个人因素

C. 学校管理因素

D. 其他

附录2

访谈提纲

1. 您的工作年限？

2. 您的职称和职级？

3. 贵校是否有双线晋升政策？

4. 贵校专职辅导员职级职称评定主管部门？

5. 贵单位专业技术职称评聘是单列计划、标准和单独评审吗？

6. 您觉得贵单位双线晋升程序公平吗？

7. 贵校辅导员的发展路径？

8. 贵校转岗的辅导员转到何种岗位？

9. 贵校辅导员转岗原因？

10. 您在职称和职级评定上有什么期望？

11. 职称评定结果希望和科研打通吗？是否会考虑转岗到科研？

12. 职级晋升上有没有好的建议？